"运动即良药"系列

青少年健身器材使用指南

主编
黎涌明

科学出版社
北 京

内容简介

本书秉承"运动即良药"的理念,以青少年群体为关注对象,以身体运动为实施手段,以健身器材为实施媒介,以健康促进为最终目的,分别从青少年身体和心理特征、青少年健身原则、准备活动、整理活动、徒手训练、自由负重训练和游戏类身体活动七个方面进行了介绍。本书对具体器材使用的介绍包括功能、起始姿势、练习方法、进阶和注意事项,并配有示范动作的图片或视频,以便读者能够较为准确地理解所介绍的练习动作。本书适用于青少年及其家长、中小学体育教师、青少年健身指导人士。

图书在版编目(CIP)数据

青少年健身器材使用指南/黎涌明主编. —北京:科学出版社,2018.1

(运动即良药系列)

ISBN 978-7-03-054021-8

Ⅰ. ①青… Ⅱ. ①黎… Ⅲ. ①健身器材-使用方法-青年少读物 Ⅳ. ① G883-49

中国版本图书馆 CIP 数据核字(2017)第 179325 号

责任编辑:朱 灵

责任印制:谭宏宇 / 封面设计:殷 靓

科学出版社 出版

北京东黄城根北街 16 号
邮政编码:100717
http://www.sciencep.com

苏州越洋印刷有限公司印刷
科学出版社发行 各地新华书店经销

*

2018 年 1 月第 一 版 开本:B5(720×1000)
2018 年 1 月第一次印刷 印张:7 ¼
字数:120 000

定价:32.00 元

(如有印装质量问题,我社负责调换)

"运动即良药"系列编委会

主　编

陈佩杰

副主编

吴雪萍

编　委

（按姓氏笔画排序）

马古兰丹姆　王　茹　王　艳　王雪强　史芙英

庄　洁　刘　静　吴雪萍　张　洁　张忠新

张晓玲　陆莉萍　陈佩杰　郑丹蘅　黄　卫

韩耀刚　曹蓓娟　董众鸣　谭晓缨　黎涌明

《青少年健身器材使用指南》编写组

主　编

黎涌明

副主编

王　雄　刘　阳

编　委

（按姓氏笔画排序）

王　雄　王欣欣　刘　阳　李　涛　李　博

金　璐　赵鹏旺　曹玉超　缪　律　黎涌明

加强体育锻炼，惠及健康生活

（代序）

  进入 21 世纪以来，人们日益关注的健康问题已经上升为国家战略。2016 年 10 月 25 日，中共中央、国务院发布了《"健康中国 2030"规划纲要》（以下简称《纲要》），这是今后 15 年推进健康中国建设的行动纲领，要求把健康融入所有政策，全方位、全周期保障人民健康，大幅提高健康水平。在《纲要》中，共 34 次提到"体育"这一关键词，这是因为体育运动与健康有着息息相关的内在联系。

  "生命在于运动"，运动既是一门科学，也是一门艺术，更是一种健康的生活习惯，但并不是每一项运动都适合所有人，不同人群适宜的运动强度、运动时间也有所差异，不适宜的运动、运动不足或过度运动都有可能对健康造成损害。那么，究竟什么运动才适合自己？生了病也可以参加运动吗？

  我们常说，"良药苦口利于病"，但并不是所有的疾病都只能咽下这苦不堪言的"良药"才能治愈，也不是咽下这口苦药就能药到病除。其实科学的运动处方也是一剂"良药"，而且还是一剂不用尝"苦"却具有显著效果的"良药"。那么，这"药方"该怎么开？我们自己能开吗？到底如何利用运动这剂"良药"来达到促进健康的目的呢？

  要解决这些问题，当务之急是找到"合适的运动素材"，具体来说有两点：一是所选的项目和运动器材适合自己的年龄段；二是所选的运动对防治自己年龄段常见疾病有针对性和防治效果。

  目前市面上有关体育锻炼的书籍虽然不少，但真正能够提供"合适的锻炼素材"的书籍仍比较缺乏。上海体育学院拥有许多具有较高科研水平和丰富教学经

验的专家，他们均长期从事运动促进健康方面的研究，经验丰富，硕果累累。此次，学院专家们与科学出版社共同打造了这套"运动即良药"系列。

在编写过程中，我们不断摸索、调整，为青少年、中青年白领、老年人等不同人群分别设计运动方案，也介绍了羽毛球、游泳、广场舞等人们可普遍参与的专项运动；在努力形成统一风格以便读者阅读的同时，也尝试使用新的可视技术为读者提供更加直观的指导。

我们希望通过这套图书，能够更好地发挥运动的功能，为广大读者打开一扇通往健康生活的阳光之门。由于多种因素的制约，本套图书可能还存在有待改进之处，我们希望能够得到大家的鼓励和有益的评论，也欢迎广大读者实践后向我们反馈意见和建议，帮助我们把此项工作做得更好。

陈佩杰
2016 年 10 月

前　言

　　人类从爬行到直立行走，从四足进化到两足的过程，虽然解放了双手，但却为人类的运动能力和身体健康埋下了隐患。进入现代社会，科技的发展进一步节省或替代了人类的许多身体活动，导致肥胖、慢性疾病、疼痛日益普遍。进入21世纪，这一问题在我国青少年群体中日趋严重，青少年体质健康水平连年下降，肥胖比例逐年增加，甚至以往只在成年人群体中出现的健康问题，现在也开始普遍出现在青少年群体中，这一严峻现状足以引发人类的反思和探索。

　　幸运的是，人类已经找到了抵御"退化"的盾牌——运动。在此背景下，美国运动医学会（ACSM）设计开发了一项旨在提高公共健康水平、降低医疗开支的可持续性全球健康倡议行动计划——"运动即良药"。该计划着力打造"运动是有效医疗手段"的理念，让"体力活动水平"成为医生诊疗时需关注的一项重要的健康生命体征，并形成广泛的社会认知。"运动即良药"开创性地提出将身体活动作为评价和预防疾病的一种治疗模式，极大地提高了人们对身体活动重要性的认识。世界卫生组织（WHO）在关于身体活动有益健康的具体建议中提出，青少年每天需要进行≥60分钟的中等或以上强度的运动，每周需要进行≥3次包括力量训练在内的高强度身体活动，这些身体活动可以通过玩耍、游戏、娱乐、出行、体育课、体育锻炼等多种方式来实现。

　　本书秉承"运动即良药"的理念，以青少年群体为关注对象，以身体运动为实施手段，以健身器材为实施媒介，以健康促进为最终目的。鉴于青少年健身在安全性、趣味性、多样性、渐进性等方面的需求，本书只对徒手（以自身体重作

　　为健身器材）和自由负重类器材进行了介绍，并没有包括固定轨迹式的（大型）健身器材。需要强调的是，以往人们对"健身器材"的认识只局限于杠铃、实心球、弹力带等身体之外的器材，而忽视了一个最为重要的器材——自身重量，对青少年这一群体来说尤为如此。相比于其他健身器材，自身重量对于青少年来说更为安全和简便，如果运用得当，其可以达到甚至是超过其他健身器材的训练效果。

　　本书既可用作青少年自行健身的学习资料，也可为家长、中小学体育教师、青少年健身指导人士监护和指导青少年健身提供参考。需要强调的是，青少年健身的目的主要在于激发运动兴趣、培养运动习惯、增加体力活动水平、提高身体运动能力、促进社会融合。这一过程需要得到专业人士的陪伴、监护和指导。

　　由于编审人员水平有限，书中难免存在一些缺憾和不足，恳请广大读者批评指正！

主　编

目　录

丛书序
前　言

第一章　青少年身体和心理特征·1

青少年的身心发展特征·2
一、青少年在初等教育阶段的身心特征·3
二、青少年在中等教育阶段的身心特征·4

我国青少年体质的主要影响因素·4
一、传统教育观念的影响·5
二、现代科学技术的影响·5
三、社会结构变化的影响·6

我国青少年健身的迫切性·7

青少年健身的主要特点·9
一、初等教育阶段健身的主要特点·9
二、中等教育阶段健身的主要特点·10

第二章　青少年健身原则 · 11

安全第一原则 · 12

循序渐进原则 · 14
  一、根据青少年的耐受水平安排健身计划 · 15
  二、个性化健身负荷 · 16
  三、性别差异 · 17
  四、变化性练习 · 17

多样化原则 · 18
  一、方法多样化 · 19
  二、器材多样化 · 20

趣味性原则 · 21

能动一体化原则 · 22
  一、动作 · 22
  二、能量代谢 · 23

第三章　准备活动 · 25

准备活动的功能与方法 · 26
  一、准备活动的功能 · 26
  二、准备活动方法 · 26

器材的使用 · 27
  一、泡沫轴 · 27
  二、按摩棒的使用方法 · 32
  三、迷你带 · 37

第四章　整理活动 · 41

整理活动的功能与方法 · 42
  一、整理活动的功能 · 42
  二、整理活动的方法 · 42

器材的使用 · 43

一、泡沫轴 · 43

二、按摩棒 · 46

三、按摩球 · 48

静态拉伸 · 50

第五章　徒手训练 · 57

一、肩部运动 · 59

二、胸椎运动 · 61

三、核心肌群及手臂运动 · 63

四、下肢肌群运动 · 68

五、爬行 · 74

第六章　自由负重训练 · 77

一、杠铃动作 · 79

二、哑铃动作 · 82

三、弹力管动作 · 85

四、壶铃动作 · 87

五、药球动作 · 91

第七章　游戏类身体活动 · 95

游戏的组成 · 96

一、游戏的规则 · 96

二、使用的器械 · 96

三、游戏的元素 · 97

四、运动游戏的优缺点 · 97

五、游戏的难易程度 · 97

游戏的分类 · 98

一、平衡类 · 98

二、速度灵敏类 · 99

三、力量类 · 101

四、耐力类 · 103

第一章
青少年身体和心理特征

2007年出台的《中共中央国务院关于加强青少年体育增强青少年体质的意见》及之后的《国家中长期教育改革和发展规划纲要（2010—2020年）》等政府文件均非常关注我国青少年学生体质健康水平下降的问题，强调全面构建和实施我国青少年体育健康促进工程。随着这项工作的展开，研究人员在了解国外青少年健康促进发展现状的同时，也在积极探索适合我国青少年的体育健康促进框架体系，寻找适合我国青少年健身的方法，进而切实地促进我国青少年健康促进理论与实践的深入开展。所以，当我们把目光投向我国青少年健康状况时，不妨以青少年最可能接触到的健身器材作为突破口，激发与提高青少年的运动兴趣，培养青少年的健康意识和强健体魄。

在认清我国青少年的身心特点，意识到我国青少年健身的迫切性的情况下，本书一方面希望通过指导青少年健身器材的使用，增强青少年体质，促进青少年健康，培养青少年对健身的兴趣和习惯，为终身体育奠定基础；另一方面，通过健身促进青少年个性全面发展，培养健全人格。发掘青少年的运动才能，提高青少年的运动水平，在科学地使用健身器材的基础上增强体质，为其今后参与其他运动奠定坚实的基础，达到提高我国青少年体质、促进其健康水平的目的。

青少年的身心发展特征

按照我国学校体育系统结构的时间顺序，青少年时期的学校体育系统结构主要由初等教育阶段体育和中等教育阶段体育组成。

一、青少年在初等教育阶段的身心特征

初等教育阶段的时间跨度较长,此阶段学生的年龄在6～15岁,而青少年是指12～18岁这段时期。与青少年阶段吻合的年龄段在12～15岁,在我国属于义务教育阶段,可分为小学高年级和初中两个阶段。

此教育阶段的青少年正处于青春发育期,从生理上看,学生的外形发生了巨变,主要表现在身体迅速长高、体重猛增和"第二性征"的出现。身体迅速长高,是青春发育期外形变化最明显的特征,每年长高6～8厘米,多则11～12厘米。男女青少年在身体长高的变化上是不一样的,女性从青春发育前(9岁)就开始,11～12岁时达到陡增高峰,而男性这一过程要比女性晚2年,从11～12岁才急起直追,在14岁前后超过女性。青春发育期,学生的体重也在迅速增长,每年可增加5～6千克,突出的可以增加8～10千克,男女体重发育呈现女性领先发育、体重增加的情况,一般在2年后男性赶上女性。而此阶段学生的生理功能也有了明显的增强,力量、耐力和速度等素质提高较快,但他们心血管系统的发育还落后于运动系统的发育,故不宜进行运动量过大或时间过长的活动。

青春期身体外形巨变,对青少年的心理发展影响也很大。身体外形的变化,也造成某些青少年心理上一些不正常的变化,需要注意他们的心理卫生,特别是美感的卫生。为此,学校、家庭要科学地进行有关的心理健康教育,要合理地引导、告诫正在发育的青少年,注意身心健康,让身体各部分都能得到充分的发育;抽烟喝酒对于身心健康是极为有害的,应该坚决杜绝;长时间上网对视力的影响弊大于利。此阶段青少年的神经系统的结构和功能虽然发生了较大变化,但脑细胞仍然较脆弱,神经系统的兴奋过程比抑制过程强。从心理上看,学生感知觉的精确性和概括性增强,观察的目的性和自觉性也有了提高,他们的有意记忆有了较明显的发展。学生的抽象逻辑思维的发展逐渐占据主导地位,情感易于外露,时而偏激时而沮丧泄气,但情感的社会性内容日益加强,重友谊、讲义气。在意志方面,小学高年级和初中的学生的自我控制能力有所发展,独立性增强,活动的主动性和自觉性有所提高。另外,学生的自我意识有了新的发展,他们开始关注自我,并开始出现"自我反思"。

二、青少年在中等教育阶段的身心特征

中等教育包括普通高中、职业高中和各种各样的中等专业学校。学生的年龄一般为 15～18 岁，其身心发展已基本成熟。

高中生或者中专生的身高、体重、身体结构和外部形态等方面已经逐渐接近成人。他们的神经系统已经发育完全，兴奋和抑制过程基本平衡。骨骼发育已经基本完成，肌肉力量明显增强，心血管系统和呼吸系统的发育也已经接近成熟，性功能的发育也已经基本成熟，男女性在体态上表现出明显的两性差异。

在中等教育阶段，高中生或中专生的智力发育已经接近成熟，在感知和意识方面，他们比初中生更富有目的性、系统性、全面性和深刻性。他们的逻辑思维开始发展，具有较强的独立思考和分析问题的能力。由于自尊心的发展，他们的情感逐渐稳定而深厚，并且不轻易外露。这一阶段学生的意志表现出明显的目的性和自觉性，其自我意识的发展日趋成熟，自我约束更加自觉，并且能够对自我、对外界事物进行比较正确的评价。

我国青少年体质的主要影响因素

青少年体质健康状况薄弱是长期以来困扰我国教育和社会发展的问题之一，在我国由体育大国向体育强国迈进的目标下，切实改善青少年体质健康状况面临着良好的历史契机和前所未有的有利条件。但是受长期应试教育观念、现代生活方式、社会结构变迁、学校体育价值取向等因素的影响，我国青少年体质薄弱的情况已经与我国社会发展和学校体育改革不相适应。应明确的是，

青少年体质健康问题不仅仅是学校体育一个方面的问题,而是涉及学校、家庭和社会多方面的综合性社会问题。

一、传统教育观念的影响

长期以来,受到应试教育观念的影响,"重文轻武"在我国传统教育观念中占据重要的地位。虽然我国提出了"素质教育"的口号,但传统教育思想仍然会在一定程度和一定范围以不同的形式存在,并影响人们的教育观念和行为,"课外"学生的时间安排大多集中在各种补习辅导。家长想方设法给孩子创造最好的学习和应试条件,却常常忽视了强健身体这一对孩子的成长和未来发展至关重要的基础。当前,深化素质教育使得中小学生课业负担减轻,学习以外的时间不断增加。但是,原本为健康成长留出空间的减负却没有取得预期的效果,学生逐渐增多的闲暇时间要么被无休止的课外辅导占据,要么属于名目繁多的技艺培训。这些对正在生长发育的青少年的身心健康成长带来了不利影响,青少年的健康被忽视的根本原因为"应试评价"。应试评价导致对考分的追求,青少年则被拖入了无休无止的死记硬背学习之中,正处于生长发育宝贵时期的青少年的身心健康也因此受到了不可弥补的损害。各种应试和竞争给青少年造成了巨大压力,精神过度紧张,身心健康甚至生命受到了严重的威胁。据统计,我国每年至少有25万人自杀,200万人自杀未遂,调查发现,自杀已经成为我国15~34岁人群的首位死因,这种素质教育理念与应试评价之间的矛盾及其衍生问题应该受到社会各方关注。

二、现代科学技术的影响

现代科学技术的发展在给人类生活带来便利的同时,也改变着人们的生活方式。青少年学习和生活中从事各种体力劳动的机会和时间大大减少,体力支出程度大大降低。人类在享受科学技术发展的同时也付出了身体功能退化的代价,最明显的就是人体的运动能力,失去了力量、协调、灵敏、平衡等许多必备素质,以及许多对外界的适应能力。物质条件的改善使人们从食物中摄取的营养大为增加,青少年的饮食方式和饮食结构发生了变化，高脂肪及高糖类等摄取的比例大大增加。在营养失衡、运动缺乏等因素的共同作用下，许多青少年出现了肥胖、驼背、视力下降等问题。青少年的价值观念在这种现代化生活方式的影响下，潜移默化地对运动锻炼产生了排斥的心理。

三、社会结构变化的影响

社会结构变化也成为影响我国青少年体质健康的因素之一。随着现代化、工业化和城市化的进程，我国家庭结构呈现多元化发展趋势，家庭规模越来越小，单身家庭和丁克家族的出现及传统家庭的日益减少，使子女的教育观念和生长环境及家庭代际伦理随之发生变化。生育政策、生活水平和医疗条件等原因的影响加速了我国人口老龄化进程，老年人口比例迅速升高，一些一线城市已经步入了老龄化行列。生活压力和工作竞争等原因使得由祖父母主导孙辈教育已经不是个别现象，隔代直系家庭在家庭总量中所占比例增长迅速。隔代家庭由于祖父母或外祖父母对孙辈的溺爱，隐藏着对下一代的教育问题，也会影响青少年体质健康水平。社会发展带来的家庭结构等方面的变化对青少年体质下降也要负一定责任。

此外，学校教育对青少年的体质健康始终承担着重要的责任。我国学校体育在长期的发展过程中，时常受到社会总体价值取向的影响而偏离了增进学生体质健康的价值目标。学校体育价值取向决定了学校体育实践，学校体育中的教学内容单调、方式枯燥，学生在学习中失去了对体育的兴趣，由此出现"学生喜欢体育但厌恶体育课"等现象。尽管我们学生经历了义务教育和中等教育阶段的体育学习，但由于其与青少年的身心特点相违背，导致学生对体育的兴趣和锻炼的意识缺乏。这也是我们长期以来对学校体育根本价值追求判断的失误，导致学校体育发展和改革过程中出现种种失误，学生体质持续下滑的原因之一。

我国青少年健身的迫切性

我国青少年健身的迫切性是由以下三点因素共同决定的。

第一，青少年体质已经成为我国社会的热点问题。从1985年开始，我国进行了6次全国青少年体质健康调查。调查结果显示，近30年以来，我国青少年的体质在不断滑坡，但近5年趋势出现积极变化。5年一次的国民体质监测报告于2015年9月正式向社会发布，与2010年相比，我国青少年身体形态发育水平，即身高、体重和胸围等发育水平继续提高，肺活量继2010年出现上升拐点之后，呈现继续上升的趋势，爆发力素质（立定跳远）出现好转，耐力素质显著地止"跌"并逐步回升，速度素质（50米跑）下滑趋势得到遏制，力量素质［女性仰卧起坐／男性引体向上（初、高中）或斜身引体（小学）］下降速度减缓，柔韧性素质（坐位体前屈）指标明显回升，超重和肥胖检出率开始下降，视力不良检出率继续上升并出现低龄化倾向，城乡学生营养不良检出率进一步下降，且基本没有重中度营养不良，各年龄段肥胖检出率持续上升。青少年体质下滑成为严重的社会问题的同时，也成为影响中华民族伟大复兴的政治问题，可以说我国青少年体育已经到了十分危险的时刻。针对目前青少年体质健康所面临的严峻形势，我们必须意识到我国青少年健身的迫切性。

第二，随着社会的不断发展和人们思维认知的改变，健康促进的概念始终处于一个动态变化的过程。2007年5月7日，中共中央、国务院印发了〔2007〕7号文件，要求自《中共中央国务院关于加强青少年体育增强青少年体质的意见》发布之日起在全国各级各类学校认真学习，深刻领会，充分认识青少年体育工作。由此可以看出增强青少年体质的重要性和急迫性。2014年，教育部印发《国家学生体质健康标准（2014年修订）》，激励学生积极参加身体锻炼，促进青少年身心健康、体魄健康、全面发展；2015年，国务院办公厅印发了《中国足球改革发展总体方案》的通知，其中中期目标包括青少年足球人口的大幅增加；2016 年，国务院办公厅再次发文《关于强化学校体育促进学生身心健康全面发展的意见》。随着时代的发展，我国一系列涉及青少年体育的政府文件对青少年健康的标准、体育参与方式与时间等内容都做了详细的规划，青少年健康理念已经不再是传统意义上的健康标准达标，而是逐渐转向强调身心健康、培养健康生活方式、拥有体育锻炼意识等内容。

　　第三，2008 年北京奥运会以后，我国正在由体育大国向体育强国转变，根据国务院印发《全民健身计划（2016—2020 年）》的发展目标，到 2020 年，我国每周参加 1 次以上体育锻炼的人要达到 7 亿，经常参加体育锻炼的人要达到 4.35 亿，体育消费总规模达到 1.5 万亿元，青少年作为国家的未来，在这项宏伟计划中占据着至关重要的地位。该计划指出，要将青少年作为实施全面健身计划的重点人群，大力普及青少年体育活动，提高青少年身体素质。加强学校体育教育，将提高青少年的体育素质和养成健康行为方式作为学校教育的重要内容，保证学校的体育场地和在校锻炼时间，把学生体质健康水平纳入工作考核体系，加强学校体育工作和其绩效评估和行政问责。全面实施青少年体育活动促进计划，积极发挥"青少年阳光体育大会"等青少年体育品牌活动的示范引领作用，使青少年提升身体素质、掌握运动技能、培养锻炼兴趣，形成终身体育健身的良好习惯等内容，都在不同程度上体现了青少年健身的迫切性。

　　视角转向竞技体育，在历届奥运会上，中国代表团屡获佳绩，金牌数和奖牌数都名列前茅。我国的青少年体育也因此受到了全世界的关注。究竟我国的青少年体育是如何运作的，以至于可以培养出如此之多的奥运冠军？来自其他国家的一些反对声音认为，中国的金牌战略实际上是在牺牲了青少年体育的基础上取得成功的，因为相比于中国的人口基础，我国竞技体育的成材率很低。其实，中国传统文化理念高度重视身心一统，中国的父母尤其重视孩子的身体健康。学校实施九年制义务教育，孩子在校内参加体育课锻炼身体，当进入到大学阶段，前两年的课程体系中，体育课仍然是必修课，所以体育课作为一种硬性要求贯穿青少年的学习生涯。所以，青少年体育在中国还是有一定基础的，只是我们分析问题的时候过于片面，认为中国的青少年花费了大量的时间在升学考试、课外补习等知识学习上，忽略了体育在我国义务制教育体系里的地位。所以，青少年常常被迫在体育和学习之间进行单项选择，这是造成了我国青少年体育发展落后的间接原因。

我国的竞技体育成绩与青少年体质健康不均衡的发展是不争的事实，要想提高青少年体质，最切合实际的办法就是在青少年经常参与的运动项目基础上，发展青少年的综合素质，通过结合运动项目培养青少年体育锻炼的兴趣，在此形势下，青少年健身多样化的练习手段和趣味性的开展模式能够较为全面地符合青少年锻炼的需求。

青少年健身的主要特点

一、初等教育阶段健身的主要特点

初等教育阶段体育的内容从广度和深度上几乎涵盖了人类所创造的体育文化，既包括了体育与健康方面的理论知识和原理，也包括了各种各样的体育运动实践活动。小学高年级学生逐渐开始涉及一些经过"改造"的竞技体育运动项目，如小篮球、小足球等，以及一些技巧性比较强、对运动素质要求比较低的内容；初中阶段的体育内容在小学高年级的基础上，以学习各种运动技能为主，包括一些生活和生存的基本技能，此阶段的健身开始强化技术，这是不断重复动作并提高稳定性的过程，期间穿插了青少年健身基本知识和原理的学习，在实践的基础上辅以理念的灌输，能更好地调动青少年健身的积极性。结合这一阶段学生参与的体育运动项目，学生在小学高年级阶段和初中阶段的健身特点也表现出与此阶段体育活动特点的对接，健身过程侧重技巧性、专项素质的培养，实践中技术的讲解、示范、分析、讨论、自学等方法的运用逐步增多，教师应该注重学生错误技术动作的纠正，完善动作定型并尽量减少或消除技术缺陷。

初等教育阶段的体育，不仅在青少年健身过程中占据重要的地位，在整个学校体育过程中也发挥着重要作用。一方面是因为初等教育阶段的体育是整个学校体育的基础阶段；另一方面则是因为在该阶段，学生跨跃了两个生长发育的关键时期，为人的终身体育奠定基石。因此，青少年在初等教育阶段的健身不仅关系到他们在这一时期的身心健康发展，而且对他们将来甚至一生的身心健康发展都产生巨大而深远的影响。这一阶段对青少年的培养，应该更多地采用多样化、渐进的健身方法，通过长期的健身，培养青少年健身的兴趣和习惯，增强青少年的体质，增进学生的健康意识，形成稳定的体育价值观和积极的态度。

初等教育阶段健身的重点除了培养学生的健身兴趣和习惯外，就是为后续阶段的健身打下扎实基础，包括动作模式和能量代谢的基础、身体素质和运动能力的基础、健康与体育知识的基础等。青少年在这一阶段进行多种健身锻炼可以全面地发展生理系统，以不同的方式激活神经肌肉、心血管和能量系统，达到身体均衡发展。初等教育阶段健身过程中应该特别注意的是，针对青少年的两个生长发育的关键期，要及时进行生理和心理健康干预，使其身心协调发展。

二、中等教育阶段健身的主要特点

中等教育阶段的体育内容主要是各种各样的竞技、娱乐及休闲等运动项目。而这一时期的青少年健身特点是在初等教育阶段的一定基础上，通过徒手练习和器械练习结合，发展青少年各项素质的方法、锻炼的基本技术，而且要对健身的深层次体育文化内涵有所了解，增强健身过程中人文性的渗透。内容上，应尽量给予青少年以更多选择的余地，充分尊重并发挥学生的兴趣，从其爱好出发有选择地进行健身锻炼。

中等教育阶段的健身，从形式上看，较初等教育阶段的健身更加多样化，不拘泥于规范的班级授课形式，如体育课就有课内和课外两种形式，学生在健身时间、健身内容的选择上有了更大的空间和灵活性，课内的健身内容考虑到受众面广，所以大多还是普适性较强，而在课外活动时学生就能够按照自己的兴趣和健身目标，进行专项化健身练习；从方法上，无论是体育课还是课外体育活动，更多的是采用自学、同学间互帮互学和讨论式的方法进行健身锻炼，体育教师在过程中更多的是起一种引导、启发、帮助和管理的作用，自主学习、合作学习、探究学习能够更大地调动青少年对健身的兴趣。

第二章
青少年健身原则

在青少年时期，必须立足于青少年安全健身这一基础，适宜的健身负荷、循序渐进的健身计划、多样化、能动一体化的健身模式对于青少年的长期发展尤为重要，应当在保证安全的情况下，充分考虑青少年的身心特征、性别差异、个体化差异、耐受能力，安排多样化、趣味性的健身计划。随着青少年发育的完善，可以循序渐进地提高健身负荷、增加难度，从而使青少年获得新的刺激负荷，提高健康水平。有计划地增加健身负荷是增强青少年体质的关键，对于青少年来说，采用变化幅度小、简单的负荷模式、多样的训练手段对培养青少年健身兴趣、锻炼意识是非常有效的。考虑到青少年的健身年限、健身经历、生理年龄和健康状况等因素，体育教师安排健身计划时应遵从多样化、渐进的健身负荷的原则，对于青少年的生理、心理适应来说至关重要。

安全第一原则

安全教育是青少年健身的重要保障途径之一。我国中、小学公共安全事故出现了高发的趋势，针对我国青少年安全教育的薄弱现状，2007年2月，国务院办公厅转发了由教育部制定的《中小学公共安全教育指导纲要》，在突出安全教育的时代性、针对性和可操作性的基础上明确了中、小学公共安全教育的实施途径和保障等配套体系，旨在最大限度地预防安全事故发生和减少安全事件对中、小学学生的伤害，保障中、小学学生健康成长。2001年，《体育与健康课程标准》提出坚持健康第一，促进学生健康成长。相比之前的课程改革，这弱化了青少年体育课的竞技性而强调了健康第一的思想，而安全是健康的基础。从教育改革的角度和课程标准的设计思想来看，加强安全教育已经成为体育教学的必然要求和趋势；从国际教育改革的动态来看，注重安全教育是西方发达国家教育改革较为共性的经验之一。因此，从我国国情出发，重视和加强学校安全教育成为了青少年体育的原则之一。同样，青少年参与健身锻炼，安全第一也是保障青少年健身的前提和基础。

首先，从宏观上看，安全原则体系包括家庭生活安全、校内活动安全、社会活动安全和心理健康安全等方面。家庭生活安全包括室内活动安全、饮食安全等。校内活动安全包括校内活动、集体活动、实践课程、课外活动中的安全等。社会活动安全包括校外体育锻炼、网络安全等。心理健康安全包括社会适应与心理健康、健全人格、心理疾病防治等。近年来，青少年出现心理健康问题并导致严重后果的不乏其例。究其原因，一方面，是青少年抗挫折能力薄弱；另一方面，青少年面临的升学、情感等问题使他们难以面对。因此，通过提高自身的调节能力辅以必要的相关咨询和运动干预可以起到积极的作用。

其次，从微观上看，青少年健身安全体系是指参与课内外健身活动的指导安全、训练计划安全、器材质量安全、器材使用安全、组织安全等。指导安全是指体育教师在健身过程中指导青少年练习应以的正确姿势、合理运动量和强度参与锻炼，避免错误的动作模式、超出自身所能承受的负荷对青少年身体健康造成危害。训练计划安全是指针对不同层次青少年的身心特征，体育教师能够安排合理的训练计划，发展学生的运动技能，激发运动兴趣，培养学生终身体育的意识。器材质量安全是指提供给青少年健身的设备不存在安全隐患，以免给教师和学生造成生命财产损失。器材使用安全是使用器材时要注意规范、合理的操作，尽量在体育教师或有经验的学生的指导下展开锻炼。组织安全分课内组织和课外组织，课内组织是在体育教师的指导下，学生开展实践活动；课外组织是体育教师作为健身活动的组织者、引导者、促进者，对学生健身进行教学。

再次，在健身教育课程上，应变传统的"被动式"防范教育为主动、全方位的教育。各地方、各学校应该促进人力资源的利用及健身设施的改造和创新，结合学校资源及教师和学生的智慧，从健身锻炼的实践性特点出发，在安全第一的原则基础上，依托学校体育体系开展青少年健身活动，以学生发展为中心，重视学生健身过程中的主体地位。这不仅可以丰富和拓展青少年健身的内容体系，也能通过安全第一教育理念的贯彻落实，促进学校体育健康第一教育理念的贯彻落实，建立系统化和规范化的青少年安全健身体系。

最后，在教育师资培训上要提出安全第一的理念。以现有的体育教师、健身教练为安全教育的实施主体。体育教师、健身教练在职业教育经历中已经学习了如解剖学、生理学、保健学等与安全教育相关的专业课程，具备了一定的从事安全教育的专业基础。此外，安全健身的活动性、实践性特征也使得体育教师、健身教练理所当然地成为了安全教育的最佳承担者。从可行性来说，对现有体育教师、健身教练进行安全教育的适当培训，以完成安全第一内容健身为基础，采用边建设边培训，在实践中不断提高的策略，可以使青少年健身的安全教育体系迅速建立起来。同时，将安全第一的内容纳入健身教练职业发展的培训体系，使安全教育师资能够在实践中不断完善和提高。

循序渐进原则

要想提高青少年的体质，加强青少年对健身训练的耐受能力是主要方法，最直接的就是改变健身训练的负荷量和强度。青少年有别于成年人，其生理能力、心理能力及对训练的耐受力都达不到成年人的要求，因为青少年还未完全成熟，所以，考虑到青少年时期的身心特征，循序渐进地增加他们的训练负荷可以达到增强体质的目的。

健身的负荷包含了健身频率、健身强度和持续时间等因素。健身负荷取决于青少年耐受能力的发展状况。青少年的身体素质、健身负荷和青少年对健身的耐受力具有复杂的相互作用。青少年对健身负荷的适应会引起一系列的生理反应，这些生理反应会使青少年适应刺激，提高青少年身体素质，增强他们对健身训练的耐受能力。当青少年适应了健身负荷，必须适当地增加负荷以产生长期的生理适应。

通常情况下，一些体育教师、健身教练会套用成年人的健身方案，或完全忽略了以青少年本身身心发展的规律、能力及生理特征来制订健身计划。这些都是不科学的健身方案。更糟的是，一些教师将成年人的课程套用在青少年身上，却完全没有考虑青少年并不具备承受这类课程所需的综合素质。青少年在生理或心理上还不能承受这种专门为成年人设计的健身课程，感到难以完成健身计划，所以导致了许多学生"喜欢健身但不喜欢健身课程"的局面，青少年对教师安排的健身内容产生抵触心理，对健身运动兴趣全无。因此，体育教师应该面向全体学生，选择那些能够激发学生学习兴趣的、与学生的生活经验相联系的、有利于学生身心健康发展的健身内容，制订出符合青少年身心发展规律、实际需要的健身计划。制订健身计划需要根据青少年的耐受水平安排，须注重安全、多样化、循序渐进、能动一体化。

一、根据青少年的耐受水平安排健身计划

健身计划必须建立在了解青少年的生理和心理特征的综合基础上，健身教练必须深入了解青少年的运动能力限度。青少年个体承受健身的能力由以下几个因素决定。

1. 生理年龄

与青少年的实际年龄相比，生理年龄被认为是体现个体发展潜能更准确的指标。生理年龄最佳指标之一是性成熟，因为它体现了机体中睾酮水平的提高。人体在青春发育期，其身体逐渐发育成熟，各个部分都有很大变化，特别是身体的形态功能、生殖器官和性特征等方面。发育越成熟，那么他们可能在运动中表现出的运动能力越强。健身计划不意味着只有安排大强度的健身计划才能有效刺激青少年的生理状况，而是应该科学、适量地制订训练计划，更多地安排青少年参与中等强度的健身锻炼，激发青少年的健身兴趣，促进青少年身心健康发展，有效地降低其骨骼肌受伤的风险，防止过度训练的发生。

2. 健身年龄

健身年龄是个体已经进行健身锻炼的实际年数，它有别于生物年龄或实际年龄。健身年龄长的青少年具有一定的扎实基础。对于一名实际年龄较大、健身时间较短的青少年来说，因为缺乏健身所需的理论基础和实践操作，可能需要进行更多样化的练习和规范的健身器材使用指导。

3. 健身经历

青少年健身经历影响他们的健身效果。与缺乏良好训练的青少年相比较，接受过多样化训练的青少年可能在一阶段的健身锻炼后形成较为全面的身体素质，而这是后期承受高负荷健身锻炼的前提。

4. 健康状况

疾病类型、受伤程度和生理基础三者决定了青少年承受的健身负荷。教练需要监控青少年的健康状况，从而决定合适的健身负荷，以免因疾病或受伤而不能按预期完成健身计划。

5. 适应与恢复速度

青少年承受健身负荷的能力常常与其所受的压力有关。这里所说的适应来自健身负荷，如改变健身计划而提高健身负荷会改变青少年承受健身负荷的适应能力。例如，在校期间多参与学校活动会影响青少年承受健身负荷的能力并进一步加大青少年适应程度、延长其恢复时间。健身教练应该考虑这些因素并相应地调节健身负荷。

二、个性化健身负荷

青少年适应健身负荷的能力因人而异，涉及许多因素，如青少年健身的经历、健康状况、学业压力、生活环境、实际年龄、生理年龄和参与健身锻炼的年龄。简单地套用成年人的健身计划会产生不良的生理适应。因此，健身教练应该通过制订个性化的健身计划来满足和提高青少年的需求和能力，这需要详细地了解青少年健身锻炼的背景、生理水平、心理状况、身体素质的强项和薄弱环节。例如，对青少年进行功能性动作筛查测试、核心力量的检测与评价，从而制订出更具体和个性化的健身计划。若参与健身的青少年大致处于同一生理水平和训练阶段，教练则可以较少地考虑个体因素而从集体出发制订健身计划。

三、性别差异

青春期前期，以身体形态发育突增现象为主，是人体成熟前的一个迅速生长阶段，男性和女性的身高、体重、三围和脂肪密度都比较接近。进入到青春期中期，以第二性征发育为主，此阶段形态的发育速度减慢，男性和女性在身体素质上的差异开始显现。在青春期后期，身体发育到完全成熟阶段，男性和女性在力量、爆发力、无氧能力和有氧能力上都出现较大的分化。

一部分研究表明，性别差异与解剖学或生物力学因素有关；另一部分研究表明，健身经历可以在一定程度上解释健身水平的性别差异。国内外关于青少年健身的研究较少，但近年来，随着女性运动能力的提高，两性之间的运动能力差异在逐渐减少。在抗阻训练研究过程中发现，女性能够承受比男性更大的训练负荷。但是，当对结果进行分析的时候，也发现女性在运动中，身体特定部位存在薄弱环节，最明显的就是女性的上半身和躯干肌肉组织，故在女性青少年健身过程中需要加强这些部位的能力发展。

在不同的月经周期，女性的运动能力反应会呈现出非常个性化的特点。相关研究表明，大多数情况下，女性最高强度和次高强度的有氧和无氧运动能力不会受月经周期的影响。但是也有研究表明，由于核心温度的升高，黄体期女性体温调节能力会下降，这对于在温热环境下健身或者锻炼的女性来说，是一个需要重点考虑的因素。

四、变化性练习

训练变化是引起训练适应的重要因素之一。当实施新的健身计划时，青少年的运动能力会快速提高，但随着时间的推移，不断重复相同的健身计划和负荷，运动能力的提高速度会减慢。有研究表明，缺乏变化的训练会导致单调式过度训练。同样，如果健身方案过于单一，也会使青少年的运动能力发生衰减，导致过度训练的发生。有计划地安排健身方案能降低计划的单调性，从根本上增强生理适应，是协调训练变化和稳定性的一种手段。因此，训练变化对健身方案来说尤为重要。系统变化负荷和健身内容会引起机体最佳适应的出现。对青少年实施成年人的训练负荷和单一的训练计划都不会达到最佳运动能力，这是因为神经系统疲劳以至于无法接受刺激而产生生理适应。

训练变化能以多种形式融入到健身计划中。可以通过引入新颖的训练任务来引起训练变化，也就是有计划地对特定健身手段进行组合。这种方式可以增强青少年在健身过程中的生理适应，因为在获得完全适应前，训练方案可以从计划中移除而用另一个针对发展相同素质的练习来代替。改变健身计划的另一种方式是系统地进行训练强度的交替，但交替安排不同的健身计划要考虑到适应和恢复的时间，这有助于青少年增强生理适应。

多样化原则

青少年在进行健身时更应该遵循多样化的原则。多样化是指在青少年时期，运用多样的健身方法、器材等，来实现青少年身体素质的全面发展。为了更有效地指导青少年使用健身器材，多样化的健身内容不可或缺，如果实施得当，青少年将在多元发展阶段打下良好的生理基础，为今后的健康发展提供保障。过早地脱离多样化发展并开始专项训练，可以让青少年在生长发育阶段就出现较为迷人的体型，这是一件看似非常有诱惑力的事情。在这种情况下，教师、教练或者家长一定要抵抗住这种诱惑，因为在青少年生长发育阶段安排全面而多样化的健身计划，是青少年日后养成良好健身习惯、维持健康水平的保障。只有适当地安排健身计划，并在生长发育阶段打下扎实的多样化发展的基础，青少年才能在身体训练和习惯培养方面达到更高的水平。

健身教练应该考虑到青少年生长发育时期的多样化训练是其未来进行专

项训练的基础，应注重对青少年的速度、灵敏、协调、柔韧和身体健康状况的全面发展。以下就健身方法多样化、器材多样化、评价方法多样化进行展开叙述。

一、方法多样化

青少年健身分为徒手和器械健身两类。

1. 徒手健身

比较经济，不占用很大的地方，只要场地、时间和场合合适的情况下都可以进行徒手健身，如仰卧起坐、伏地起身、俯卧撑、徒手深蹲等，但是徒手健身有它的局限性。例如，以男性经常进行的俯卧撑为例，俯卧撑主要针对的是胸肌，利用的是人体自身的重量，因此，青少年的练习达到一定程度后，必须要通过负重才可以得到更好的进步，男性要想胸肌有很满意的厚度和大小，只靠自身重量来训练是很难达到的。深蹲也一样，在练习到一定程度后必须依靠负重练习来提高刺激，逐步地增加训练刺激才可以帮助青少年打造腿部完美的形态和腿部力量。再有，某些部位的肌肉训练只能通过器械训练来达到，如肱二头肌、三角肌、斜方肌等。不过，在课外或场地器材相对有限的情况下，徒手健身可成为青少年健身的首选。

2. 器械健身

可分为固定器械（又称组合器械）和分体器械。例如，一对哑铃、杠铃等都属于分体器械；而坐姿推胸器、肱二头肌训练器、十字交叉拉力器等都属于固定器械。固定器械与分体器械比较起来，分体器械更好，专业运动员都是以分体器械为主、固定器械为辅进行训练的。因为分体器械需要额外的力量来保持平衡，实际上就增加了控制的难度。以坐姿器械推胸和杠铃推胸为例，坐姿器械推胸，练习者就把注意力关注到胸肌上，推的动作的轨迹是器械固定的，因此，不需要练习者掌握平衡；而杠铃推胸，除了需要有足够的力量把杠铃推上去，还要练习者分出一部分力量来保持杠铃在推上去的过程中的平衡，因此，杠铃推胸更难，训练效果更好。所以在条件允许的情况下，青少年可以根据自身需求、健身水平，有选择地进行固定器械或分体器械的练习。

二、器材多样化

依据人体运动调动的骨骼肌数量，可以将器材分为全身性健身器材、局部性健身器材、小型健身器材3种。

1. 全身性健身器材

如多功能拉力训练器、绳动组合训练器等属综合性训练的健身器材，可供多人同时在一个器材上进行循环性或选择性练习。这种健身器材体积较大，功能较全，价格不菲，适合健身馆、康复中心及机关或学校健身房使用。需要说明的是，如多功能跑步机虽属全身性的健身器材，但它只是在单功能跑步机的基础上增加了划船、蹬车、俯卧撑、腰部旋转、按摩等功能，所以体积并不很大，同样适合青少年健身使用。但是这类全身性健身器材价格昂贵，只有私人健身馆、专业性体育院校及医疗康复中心才配备，一般青少年健身往往还是依靠局部性健身器材或小型健身器材来完成。

2. 局部性健身器材

如健身自行车、划船器、楼梯机、跑步机及小腿弯举器、重锤拉力器、提踵练习器等都属于局部性健身器材。多数专项训练器材结构小巧，占地空间小，有的能折叠，有的还兼具趣味性。对青少年健身来说局部性健身器材成为其首选，但局部性健身器材功能相对单一，主要侧重局部肌群的锻炼。此类器材既有以配重砝码、液压拉缸为重载的力量型，也有以自身为动力的非力量型，无须拆装组合。有的还配有时间、速度、距离、心率等电子显示装置，使锻炼者可以自己掌握运动量。目前青少年广泛地使用局部性健身器材进行锻炼，但是由于缺乏科学的健身指导和训练安排，其健身效果和运动方法都有待规范化。

3. 小型健身器材

如人们所熟知的哑铃、壶铃、曲柄杠铃、弹簧拉力器、健身盘、弹力棒、握力器等都属于小型健身器材。这类健身器材体积虽小，可锻炼价值并不低。以可调式哑铃为例，它不仅适合不同年龄、性别和体质的人进行练习，而且可以使全身各部肌肉得到锻炼，在场地、器材有限的环境下，小型健身器材便成为青少年开展健身的主要途径。例如，弹簧拉力器轻便小巧，价格低廉，既便于存放，又易于携带，同样能达到健身强体的目的，而像健身球一类的小型健身器材则可以在青少年发展核心稳定性时使用。

趣味性原则

青少年健身受到多种因素的影响，缺乏完善的健身场地、器材是主要因素之一。各种因素的限制极大程度地影响了青少年参与健身的兴趣，久而久之造成了大众对青少年健身的忽略。重视程度的低下会误导我们对青少年健身的认识，所以有的教练将成年人的健身计划套用在青少年身上，这种专项程度高、内容单一、健身负荷高的计划方案对于青少年来说，不仅不会产生合理的适应能力，反而适得其反。

青少年健身应该将培养其兴趣导向作为锻炼原则之一。由于此阶段青少年的生理、心理还处于发展阶段，所以，避免专业程度高的训练而侧重兴趣性较强的锻炼，无论对于短期健身还是长期发展都是利大于弊的。青少年的身体素质增长是随着年龄的增长而递增的，它包括快速增长阶段和慢速增长阶段。在快速增长阶段后身体素质趋于稳定，此阶段是青少年身体素质发育的稳定阶段。稳定阶段表现出随着年龄的增长，身体素质的增长速度明显减慢或停滞，甚至出现降低。青少年的增长界龄不完全一致，男性和女性之间也有差别。在健身过程中，应以兴趣作为出发点，根据青少年身体素质发展的年龄特点、发育高潮持续时间长短和发育分型，采取科学的训练方法，促进青少年体质的发展和健身水平的提高。

在13～14岁，皮质抑制调节机制达到一定强度，综合分析能力明显提高，可以较快地建立各种条件反射，但是较难掌握复杂精细的动作；14～16岁时，青少年的分化能力逐渐提高，反应潜伏期缩短，女性的分化抑制发展较早，能够掌握复杂难度较高的难度动作，但是其力量素质表现不如男性；16～18岁时，第二信号系统已经发展到了相对水平，抽象的语言、思维能力、综合分析能力都已经显著提高。

结合青少年的中枢神经系统的特点，在指导青少年健身时应注意以下几点。

（1）健身课内容要有趣、生动，可以穿插游戏和放松活动，避免单一及高负荷的内容，要注意安排课后的恢复，使青少年情绪饱满，不易疲劳。

（2）在健身课中既要注意采用直观形象的教法，也要注重培养青少年的思维能力，在思维的指导下发展个体的实践创新能力。

（3）健身课的主题是个人和小组，所以在指导青少年健身时可以广泛地应用小组学习法，采用创造性、非指导性的教育方法培养青少年健身的兴趣。

能动一体化原则

青少年科学健身的主要目标是改善人体的动作，以提高动作的质量，促进能量代谢系统的稳步提高，减少运动训练过程中伤病的出现，从而达到身体素质全面发展的目的。健身原则是整体概念的组成部分，应该从人体运动的本质出发，不应将动作和能量代谢单独考量。然而，为了更好地理解基本概念，又经常对其单独进行分析研究。青少年健身的本质是人体运动，所以其目的是以动作为载体，培养过程中应注重技术的培养，发展身体的协调能力，合理发展三大供能系统（磷酸原系统、乳酸能系统、有氧氧化系统）供应能量的能力和动作技术利用能量的能力。

一、动作

青少年健身按照有无器械，可以分为徒手健身和器材健身两类，但必须采用符合人体解剖学原理和人体运动专项技术要求的正确动作。目前国内外缺乏关于青少年健身器材使用的指南，大多是搬自成年人。成年人较青少年具有较强的肌肉力量，即使动作存在错误，但也能够依靠肌肉和骨骼的稳定性来完成动作。而青少年如果运用错误的动作，在不具备所需要的灵活性和稳定性的情况下，就会伴随着骨骼肌受损的风险发生和能量损耗的增加。所以，青少年健身时，应该优先发展动作的规范化，提高稳定性，使动作的完成功能化，再考虑动作的难度和重复方式，继而发展动作的力量、速度和耐力。

二、能量代谢

人体生命的维持是因为人体能够源源不断地通过代谢获得能量以维持机体的运转，包括食物消化、肌肉收缩、神经传导、血液循环、组织合成和腺体分泌等。对能量代谢的认识，不应该是脱离动作而独立存在的。青少年健身有别于成年人，应该从青少年的生理特征出发、全面认识健身项目的特征，依从多样化发展、区别对待、循序渐进、兴趣导向的原则，设计个性化的健身计划。安排健身计划前应该对青少年的动作、能量代谢特征进行评价，形成健身模式后，实施计划。在实施过程中需要监控健身模式，当青少年出现适应不良时，应修改健身模式，帮助青少年在长期的健身过程中能够健康、无伤、有效的发展。

所以，正确运用能动一体化的原则，有利于优化青少年健身计划，促进青少年协调、健康发展。

第三章
准备活动

准备活动的功能与方法

一、准备活动的功能

准备活动与热身表达的意思相近,可以相互通用。准备活动主要有两大功能,即提高运动表现与降低损伤发生概率。具体来说,准备活动主要作用于人体肌肉骨骼系统(运动器官系统)、神经系统、心血管系统、呼吸系统和能量代谢系统。不同研究者对准备活动的生理功能看法不同,总结起来主要有以下的生理作用。

(1)增加肌肉和关节的活动度;
(2)提高氧运输能力;
(3)提高机体代谢反应速率,克服内脏器官惰性;
(4)提高神经传导速率;
(5)改善体温调节;
(6)促进血管扩张,提高肌肉血流量;
(7)降低肌肉黏滞度;
(8)提高肌肉收缩速度和力量;
(9)提高基础氧耗。

二、准备活动方法

青少年在准备活动中除了要注意准备活动的方式之外,还要注意准备活动的强度和时间。准备活动的强度应该循序渐进,保持在最大运动强度的 40%～60%,如果运动时间较长可以适当增加准备活动的强度。

通常我们进行准备活动是非常不充分的，因此很多研究者希望通过合理的设计来优化准备活动，主要包括以下几部分

（1）通过泡沫轴或者按摩棒对大肌群进行按摩，消除肌肉粘连，预防运动损伤。

（2）对腘绳肌、核心肌群等重点部位进行有效的激活。

（3）通过动态拉伸增加肌肉和关节的活动度，增加肌肉弹性。

（4）通过动作技能整合，练习与专项密切相关的动作模式和运动姿势。

（5）对神经进行激活，提高神经系统的兴奋性，增加健身的专注度。

器材的使用

一、泡沫轴

使用泡沫轴进行按摩时应该从肌肉靠近身体中心的位置过渡到远离身体中心的位置；泡沫轴使用时应放于肌肉和软组织处，不要直接放在骨或关节处；注意保持正常呼吸频率，不要憋气，在疼痛时可以通过深呼吸来调节；按摩时间为 30 ~ 60 秒，酸痛点上要多停留 5 ~ 10 秒至痛感减轻或消失。

1. 臀部肌群

【功能】激活、唤醒臀中肌、臀大肌。

【起始姿势】呈坐姿，将泡沫轴置于臀部下方，双臂撑于身体后方，背部平直，腹肌收紧。

【练习方法】双手推地带动身体移动，使泡沫轴从臀部与下腰背间来回滚动。

起始姿势　　　　　　　　　　　　　　　　进阶动作

【进阶动作】呈坐姿，将右小腿置于左腿膝关节上方，身体向右侧倾斜，保持右侧臀部接触泡沫轴，用泡沫轴按摩右侧臀中肌 30～60 秒，换左侧重复该动作。

2. 大腿前侧肌群

【功能】激活、唤醒股四头肌。

【起始姿势】呈俯卧姿，双腿伸直，将泡沫轴放在大腿前侧的下方，双臂屈肘支撑于地面。

【练习方法】双肘屈伸带动身体移动，使泡沫轴在骨盆至膝关节上方间来回滚动。

起始姿势　　　　　　　　　　　　　　　　练习方法

【进阶动作】呈俯卧姿，双腿伸直，将左腿踝关节抬起置于右腿踝关节上方，增加右腿对泡沫轴的压力，完成动作规定时间后换左腿。

进阶动作

3. 大腿后侧肌群

【功能】激活、唤醒股后肌群。

【起始姿势】呈坐姿,双腿伸直,将泡沫轴置于大腿后侧的下方,将右腿踝关节置于左腿踝关节上方,增加左腿踝关节的压力,双臂撑于身体后方,背部平直,腹肌收紧。

【练习方法】双手推地带动身体移动,使泡沫轴在坐骨结节至腘窝间来回滚动。

起始姿势　　　　　　　　　　　　　　练习方法

4. 大腿外侧肌群

【功能】激活、唤醒大腿外侧肌群。

【起始姿势】呈左侧卧姿,将泡沫轴置于左腿髋关节外侧的下方,左臂屈肘支撑于地面,右手放于身体的前方,左腿蹬直,右腿屈髋屈膝置于身体前方。

【练习方法】右腿蹬地带动身体移动，使泡沫轴在髋关节外侧至膝关节间来回滚动；按摩30～60秒，换右侧重复该动作。

起始姿势

练习方法

【进阶动作】呈左侧卧姿，将泡沫轴置于左腿髋关节外侧的下方，左臂屈肘支撑于地面，右手放于身体的前方，双脚并拢，手肘推动带动身体移动，按摩大腿外侧。

进阶动作

5. 大腿内侧肌群

【功能】激活、唤醒大腿内侧肌群。

【起始姿势】呈俯卧姿，左腿外展，大小腿成90°，将泡沫轴置于左大腿内侧靠近膝关节的上方，双臂屈肘支撑于地面，右腿伸直，脚尖支撑使身体抬离地面。

【练习方法】双臂和右腿推地带动身体移动，使泡沫轴在骨盆至膝关节内侧间来回滚动；按摩30～60秒，换右腿外展重复该动作。

起始姿势

练习方法

6. 小腿前侧肌群

【功能】激活、唤醒胫骨前肌。

【起始姿势】呈跪姿,将泡沫轴置于小腿靠近踝关节位置的下方,双臂伸直支撑于肩部的下方。

【练习方法】双腿屈髋屈膝,双脚踝关节内扣,双手推地带动身体移动,使泡沫轴在膝关节至踝关节间来回滚动。

【进阶动作】在跪姿基础上使躯干下俯,双手向前延伸。

起始姿势

练习方法

进阶动作

7. 小腿后侧肌群

【功能】激活、唤醒小腿后侧肌群。

【起始姿势】呈坐姿，将泡沫轴置于小腿靠近踝关节处，双臂撑于身体的后方，背部平直，腹肌收紧。

【练习方法】双手推地带动身体移动，使泡沫轴在小腿踝关节与腘窝之间来回滚动。

起始姿势

练习方法

【进阶动作】先将泡沫轴置于右小腿靠近踝关节下方，左腿搭在右腿上方，按摩右小腿 30～60 秒后换左小腿重复该动作。

进阶动作

二、按摩棒的使用方法

使用按摩棒进行放松时注意让按摩棒从按摩部位靠近身体中心的位置过渡到远离中心的位置；按摩部位是肌肉软组织而不是骨与关节；按摩时注意

保持正常呼吸频率,不能憋气;按摩时间为 30～60 秒,在酸痛点上多停留 5～10 秒至痛感减轻或消失。

1. 大腿前侧肌群

【功能】激活、放松股四头肌。

【起始姿势】呈半跪姿,右腿在前,左腿在后,双手持按摩棒在右大腿正面靠近髋关节的位置。

【练习方法】双手持按摩棒在右大腿前侧的髋关节与膝关节间来回加压滚动 30～60 秒,换另一侧重复该动作。

起始姿势

练习方法

2. 大腿后侧肌群

【功能】激活、放松腘绳肌群。

【起始姿势】呈半跪姿,左腿在前,右腿在后,双手持按摩棒在左大腿后侧靠近髋关节的位置。

【练习方法】双手持按摩棒在左大腿后侧的髋关节与膝关节间来回加压滚动 30～60 秒,换另一侧重复该动作。

起始姿势

练习方法

3. 大腿外侧肌群

【功能】激活、放松髂胫束。

【起始姿势】呈坐姿,右腿在前,左腿在后,双手持按摩棒在左大腿后侧靠近髋关节的位置。

【练习方法】双手持按摩棒在左大腿外侧髋关节与膝关节间来回加压滚动30～60秒,换另一侧重复该动作。

起始姿势

练习方法

4. 大腿内侧肌群

【功能】激活、放松大腿内侧肌群。

【起始姿势】呈坐姿,左腿在前,右腿在后,双手持按摩棒放在左大腿内侧靠近髋关节的位置。

【练习方法】双手持按摩棒在左大腿内侧的髋关节与膝关节间来回加压滚动30～60秒,换另一侧重复该动作。

起始姿势

练习方法

5. 小腿前侧肌群

【功能】激活、放松小腿前侧肌群。

【起始姿势】呈坐姿,左腿屈膝,右腿屈膝,双手持按摩棒放在右小腿右前侧靠近膝关节的位置。

【练习方法】双手持按摩棒在右小腿右前侧的膝关节与踝关节间来回加压滚动30~60秒,换另一侧重复该动作。

起始姿势

练习方法

6. 小腿后侧肌群

【功能】激活、放松小腿后侧肌群。

【起始姿势】呈坐姿,左腿伸直,右腿屈膝,双手持按摩棒放在右小腿后侧靠近膝关节的位置。

【练习方法】双手持按摩棒在右小腿后侧的膝关节与踝关节间来回加压滚动30~60秒,换另一侧重复该动作。

起始姿势

练习方法

7. 小腿外侧肌群

【功能】激活、放松小腿外侧肌群。

【起始姿势】呈坐姿，右腿屈膝内扣，双手持按摩棒放在右小腿外侧。

【练习方法】双手持按摩棒使在右小腿外侧踝关节与膝关节之间来回加压滚动 30～60 秒，换另一侧重复该动作。

起始姿势

练习方法

8. 小腿内侧肌群

【功能】激活、放松小腿内侧肌群。

【起始姿势】呈坐姿，右腿伸直，左腿屈膝外展，双手持按摩棒放在左小腿靠近膝关节的位置。

【练习方法】双手持按摩棒在左小腿左后侧的膝关节与踝关节间来回加压滚动 30～60 秒，换另一侧重复该动作。

起始姿势

练习方法

三、迷你带

1. 外旋激活

【功能】激活臀中肌。

【起始姿势】硬拉基本姿势,双脚与肩同宽脚尖朝前,屈髋屈膝,躯干前移使重心投影点在脚尖前,后脑勺、上背部、臀部三点一线,膝盖不超过脚尖,背部挺直,腹部收紧,迷你带置于膝关节上方。

【练习方法】保持左侧膝关节位置不变,右侧膝关节自然放松外展、内扣回位,做3~5次,换左侧重复该动作。

起始姿势

练习方法

【进阶动作一】迷你带置于膝关节上方,保持躯干位置不变,双腿同时做外展、内扣。

进阶动作一

【进阶动作二】将迷你带置于踝关节上方，或更换阻力更大的迷你带。保持躯干位置不变，双腿同时做外展、内扣。

进阶动作二

【注意事项】在整个动作过程中躯干保持不动，注意不能牺牲动作质量来增加动作幅度，动作过程循序渐进，难度依次增加。

2. 横向走

【功能】激活臀肌、躯干核心肌群。

【起始姿势】硬拉基本姿势,双脚与肩同宽,脚尖朝前,屈髋屈膝,躯干前移使重心投影点在脚尖前,后脑勺、上背部、臀部三点一线,膝盖不超过脚尖,背部挺直,腹部收紧,迷你带置于踝关节上方。

【练习方法】硬拉基本姿势,右腿蹬直,左脚横向跨出约 2 个步长,右腿跟上回到起始姿势,横向移动

起始姿势

8～10 步。再向相反方向运动。进阶动作将迷你带置于踝关节上方,或更换阻力更大的迷你带,也可同时在膝关节与踝关节上方施加弹力带。在整个动作过程中躯干保持稳定,步长适中。

练习方法

3. 侧屈

【功能】激活肩部、躯干肌群。

【起始姿势】直立姿，双脚与肩同宽，脚尖朝前，两臂上举，将迷你带置于手腕处，前臂发力撑开，略宽于肩。

【练习方法】保持迷你带张力，髋关节冠状面内向右侧屈至对侧拉紧，缓慢回位，向对侧重复该动作。呼吸配合动作过程，侧屈时吸气，回位时呼气。

起始姿势

练习方法

第四章
整 理 活 动

整理活动的功能与方法

一、整理活动的功能

运动后的整理活动,有利于机体由紧张的运动状态逐步过渡到静息状态,能够降低心率,使呼吸恢复到安静状态,帮助机体缓解疲劳和预防运动损伤。其具体功能如下:

(1) 保持人体正常的活动幅度和灵活性。
(2) 有助于避免因剧烈活动的突然停止而引起的头晕和昏厥。
(3) 减少运动后肌肉痉挛、抽筋及肌肉僵硬。
(4) 保持全身血液流动。
(5) 帮助减少肌肉损伤、僵硬和酸痛。
(6) 克服和预防下背痛或其他问题。

二、整理活动的方法

整理活动的主要作用是促进机体恢复,常用的方法有主动和被动两种。主动恢复是通过慢跑、游泳、自行车等小强度有氧运动促进机体恢复进程,被动恢复主要包括软组织放松、牵拉放松、按摩、冷水浴等。

本章就以使用泡沫轴、按摩棒、按摩球进行的整理活动和静态牵拉为重点进行介绍。

器材的使用

一、泡沫轴

使用泡沫轴进行放松时应注意按摩时间一般为 30～60 秒，在痛点处可多停留 5～10 秒至痛感减轻或消失。按摩时应逐步加大按摩强度，确保有明显酸痛感但是在可接受范围内；按摩时从肌肉起点开始逐步过渡到肌肉止点；应该在肌肉软组织丰满的部位进行按摩，不要直接在骨或关节处进行按摩；保持正常的呼吸频率，不要憋气，在疼痛时可以深呼吸进行调节。

1. 颈部

【功能】激活、放松颈部肌群。

【起始姿势】呈仰卧姿，将泡沫轴置于颈后，两腿屈膝，双臂自然垂于体侧。

【练习方法】保持泡沫轴固定不动，缓慢转动头部，使颈部不同部位充分拉伸。

起始姿势

练习方法

2. 背阔肌

【功能】激活、唤醒背阔肌。

【起始姿势】呈右侧卧姿,将泡沫轴放在右臂腋窝下,右臂伸直于头顶上方,右手掌心朝前或朝上,左臂屈肘支撑于地面,双腿屈膝、双脚支撑使臀部抬离地面。

【练习方法】双腿蹬地带动身体移动,使泡沫轴在下腰背的一侧与腋窝间来回滚动,按摩30～60秒。换左侧重复该动作。

起始姿势

练习方法

3. 上背部

【功能】激活、唤醒上背部肌群。

【起始姿势】呈仰卧姿,双腿屈膝,将泡沫轴放于中背部的下方,双臂交叉环抱于胸前,腹部收紧。

【练习方法】双腿屈伸带动身体移动,髋关节抬离地面,使泡沫轴在中背部与肩关节间来回滚动。

起始姿势

练习方法

4. 下腰背

【功能】激活、唤醒下腰背肌群。

【起始姿势】呈仰卧姿，双腿屈膝，将泡沫轴放在中背部的下方，双臂交叉环抱于胸前，腹部收紧。

【练习方法】双腿屈伸带动身体移动，髋关节抬离地面，使泡沫轴在臀部与中背部之间来回移动。

起始姿势

练习方法

5. 肱二头肌

【功能】激活、唤醒肱二头肌。

【起始姿势】呈俯身跪姿，左臂伸直侧平举置于泡沫轴上，右臂屈曲撑地，双腿屈髋屈膝跪于地面，脚尖支撑于地面。

【练习方法】右手推地带动身体移动，使泡沫轴在肘关节与肩关节间来回滚动，按摩30～60秒。换右侧重复该动作。

起始姿势

练习方法

6. 肱三头肌

【功能】激活、唤醒肱三头肌。

【起始姿势】呈左侧卧姿，左臂屈肘，将泡沫轴置于左臂的下方，右臂屈肘，用于支撑于地面，右腿伸直，左腿屈髋屈膝置于身体前方。

【练习方法】左腿屈膝带动身体移动，使泡沫轴在肘关节与腋窝间来回滚动，按摩 30～60 秒。换右侧卧姿重复该动作。

起始姿势

练习方法

7. 臀部、大腿、小腿肌肉

臀部、大腿、小腿肌肉放松见准备活动泡沫轴部分。

二、按摩棒

使用按摩棒进行放松时注意让按摩棒从按摩部位靠近身体中心的位置过渡到远离中心的位置；按摩部位是肌肉软组织而不是骨与关节；按摩时注意保持正常呼吸频率，不能憋气，按摩时间为 30～60 秒，在酸痛点上可多停留 5～10 秒至痛感减轻或消失。

1. 前臂内侧

【功能】激活、放松前臂内侧。

【起始姿势】呈坐姿，腰背挺直，左手持按摩棒放在右前臂的内侧。

【练习方法】左手持按摩棒在右臂内侧肘关节与腕关节间来回加压滚动 30～60 秒。换另一侧重复该动作。

起始姿势

练习方法

2. 小臂外侧

【功能】激活、放松前臂外侧。

【起始姿势】呈坐姿，腰背挺直，左手持按摩棒放在右前臂外侧的位置。

【练习方法】左手持按摩棒在右臂外侧肘关节与腕关节间来回加压滚动30～60秒。换另一侧重复该动作。

起始姿势

练习方法

3. 腰部

【功能】激活、放松腰部。

【起始姿势】呈站姿，腰背挺直，双手持按摩棒在腰部右侧。

【练习方法】双手持按摩棒在右侧下髋关节以上的腰背部加压滚动30～60秒。换另一侧重复该动作。

起始姿势

练习方法

4. 大腿、小腿肌肉

大腿、小腿肌肉放松见准备活动按摩棒部分。

三、按摩球

使用按摩球进行按摩时应注意按摩时间为 30～90 秒。找到痛点以后逐渐加力，避免突然加力造成刺痛或损伤；放松时动作幅度不要太大，保持正常的呼吸频率，不要憋气，在疼痛时可以深呼吸进行调节。

1. 胸大肌

【功能】激活、放松胸肌。
【起始姿势】呈俯卧姿，将按摩球置于左侧胸大肌下方。
【练习方法】调整位置找到酸痛点，通过按摩球加压滚动。

练习方法

2. 髂腰肌

【功能】激活、放松髂腰肌。

【起始姿势】呈俯卧姿,双臂屈肘撑于地面,将按摩球置于骨盆下右侧髋关节的位置。

【练习方法】双臂支撑带动身体移动找到酸痛点,通过身体移动带动按摩球加压滚动,在酸痛点停留 30～90 秒直至痛感消失或减轻。换另一侧重复该动作。

练习方法

3. 足底

【功能】激活、放松足底筋膜。

【起始姿势】脱鞋,站姿,将按摩球置于左足底,身体重心右移。

【练习方法】左足在按摩球上前后左右移动找到酸痛点,在痛点停留 30～90 秒直至痛感消失或减轻。换另一侧重复该动作。

练习方法

静态拉伸

（1）拉升幅度：感受目标肌肉拉长，但不是疼痛的位置。

（2）持续时间：每次拉伸保持 15～30 秒，每个静态伸展重复 2～4 次，伸展所有主要肌群。

（3）动作：两侧肌肉均衡拉伸。

（4）呼吸配合：拉伸过程中要配合呼吸，不要憋气，有助于增加器官血流量，去除乳酸和其他代谢产物。

1. 肱三头肌拉伸

【功能】拉伸肱三头肌、背阔肌。

【起始姿势】站立位，双腿双脚并拢。

【练习方法】右手臂向上伸直后于颈后屈肘向下，左手抓住右肘保持 15 秒，恢复起始位置，另一侧重复动作。注意保持头颈正直，避免头部倾斜和颈部向前。

练习方法

2. 小臂拉伸

【功能】手腕屈曲：拉伸桡侧腕伸肌、尺侧腕伸肌、小指伸肌、指伸肌、拇伸肌。

手腕伸展：拉伸桡侧腕伸肌、尺侧腕伸肌、小指短屈肌、指屈肌、掌长肌、拇屈肌。

【起始姿势】站立或采取坐立位，双手放在身体两侧。

【练习方法】手腕屈曲：右手臂前平举，立掌，左手握住右手手指向右肩的方向稍施加拉力。保持15秒，恢复至起始位置，另一侧重复动作。

手腕伸展：右手手臂前平举，掌背朝外，掌心朝内，左手抓住右手手指向右肩方向稍施加拉力。保持15秒，恢复至起始位置，另一侧重复动作。

注意肩部放松，避免耸肩和肩部肌肉紧张。

练习方法

3. "C"形拉伸

【功能】拉伸背部。

【起始姿势】跪姿，臀部坐在脚后跟处，躯干保持直立。

【练习方法】俯身双臂向前伸，前额贴在垫面上，身体呈大"C"形，保持15秒，恢复至起始位置。保持正常呼吸，收腹，将注意力放在背部拉伸上。

起始姿势

练习方法

4. 天鹅翘首

【功能】拉伸腹直肌。

【起始姿势】俯卧在垫子上,双腿打开与髋同宽。

【练习方法】双手放于肩关节正下方,鼻尖指向地板,吸气双手推动躯干向后伸展,呼气躯干落回地板,头颈与躯干成流畅的弧度,保持15秒,配合呼吸,收缩腹部,强化拉伸。

起始姿势

练习方法

5. 脊柱旋转

【功能】拉伸腹内斜肌、腹外斜肌、梨状肌、竖脊肌。

【起始姿势】呈坐姿,躯干直立,左腿伸直,右腿屈膝,右脚置于左膝外侧。

【练习方法】将左臂置于右膝外侧,右手掌支撑地板,左肘推右膝向左,尽可能转肩转头,目视后方。保持15秒,恢复至起始位置,另一侧重复动作。注意收腹,身体直立,脚尖与膝盖方向一致。

起始姿势

练习方法

6. 弓箭步

【功能】拉伸髂腰肌、股直肌。

【起始姿势】站立位,右脚向前跨一大步,屈膝弓步,保持躯干直立。

【练习方法】双手置于前侧大腿处,双脚保持同一指向,后腿伸直,后脚跟抬起,降低臀部,保持15秒,恢复至起始位置。另一侧重复动作。注意保持身体直立,始终维持躯干三点一线。

起始姿势

练习方法

7. 臀部拉伸

【功能】拉伸臀肌。

【起始姿势】坐姿,双腿屈膝,双脚踩在地板上。

【练习方法】右脚脚踝置于左膝上,双手置于右腿膝盖和脚踝处,保持动作15秒,恢复至起始位置。另一侧重复动作。注意保持躯干直立。

【进阶动作】仰卧,双腿屈膝抬起与地面平行,左脚脚踝置于右膝上,双手抓住右大腿后侧，向躯干方向拉动，强化拉伸。保持15秒，恢复至起始位置。另一侧重复动作。注意避免耸肩，肩胛骨平贴在地板上。

练习方法

进阶动作

8. 大腿拉伸

【功能】拉伸股四头肌、髂腰肌。

【起始姿势】左侧卧位，两腿伸直。

【练习方法】左臂伸直枕于头部下方，右腿屈膝向后，右手抓住右脚脚踝拉向臀部保持15秒，恢复至起始位置。另一侧重复动作。注意保持侧卧中立位，收腹保持身体稳定。

【进阶动作】站立位练习此动作。双膝并拢，拉伸腿膝盖不要外展，避免后仰致使脚靠在臀部的肌肉上。保持15秒，恢复至起始位置。另一侧重复动作。

练习方法

进阶动作

9. 内收肌拉伸

【功能】拉伸内收肌群。

【起始姿势】坐姿屈腿，躯干保持直立。

【练习方法】双膝外展，双手抓住双脚脚背，双膝尽可能贴近两侧的地板或双手置于双膝处稍施加压力。保持自然呼吸，不要耸肩。

练习方法

10. 小腿拉伸

【功能】拉伸腓肠肌。

【起始姿势】站立位，双脚并拢，躯干直立。

【练习方法】右腿向前迈出一步，躯干保持直立，双手放于右侧大腿上，左脚脚跟始终触地，双脚脚尖方向一致。保持15秒，恢复至起始位置。另一侧重复动作。

起始姿势   练习方法

第五章
徒手训练

徒手训练又称自重训练，是力量训练的一种形式，即不需要借助专业器械及外在负荷，仅以克服自重的方式来完成动作并达到一定健身效果的健身活动。它包含于许多健身活动中，如瑜伽、普拉提、跑步、舞蹈等。近5年来，美国运动医学会（ACSM）公布的全球健身趋势预测排行榜中，自重训练以不可抵挡的势头四次位列前三，是当之无愧的世界最流行的训练方式之一。它为何有如此之大的魅力？究其原因，可概括为以下五点。

（1）不受场地和器材限制，方便快捷。体力活动不足和能量过剩是当今社会存在的普遍现象，如何在有限的时间内消耗更多（以脂肪供能为主）的能量，是当前大众健身领域的重要议题。徒手训练即如此，它不需要特殊的环境和器材，只要你愿意动起来，都会让自己变得更好。

（2）其形式简单灵活，易于把控。参与者可根据自身能力选择进阶（增加难度）或降阶（减小难度）动作，这一特性同时也是其优势，使得不同年龄段、不同水平的群体都可以参与其中。

（3）安全有效。与自由负重及固定轨迹式器械训练相比，徒手训练有更高的安全性，当然，这里所说的安全性是建立在循序渐进的基础上；除此之外，与自由负重及固定轨迹式器械训练不同的是，它更注重多关节肌肉的同时发展。

（4）保持正常的体脂率。自由负重及固定轨迹式器械训练会带来肌肉围度的增长，而自重训练则会带来明显的肌肉紧实度的增加，使身体保持正常的体脂率。

（5）是功能性训练的一种。实验证明，自重训练除了能有效地预防心血管疾病及促进身体健康外，对参与者的灵敏性、柔韧性、力量、耐力及有氧能力的提高也大有裨益，其功能性不言而喻。

青少年的生长发育并未成熟，也正处于身体素质发展的敏感期，需要多方面身体能力的同时发展。这期间，给予他们适当的训练可以增加其骨的密度、帮助他们控制体重（但想要达到减脂的效果，则需与均衡的饮食相结合）。同时，还能增强其对动作技巧的掌控从而提高其动作表现，减少损伤的概率。因此，找到适合自己的强度，从现在开始动起来吧！

一、肩部运动

1. 双臂画圈

【锻炼部位】手臂肌群及肩关节。

【起始姿势】正常站立于地面，身体保持一条直线。

【练习方法】①两臂侧平举，五指并拢，立掌；②双臂小幅度快速向内画圈，继而慢慢加大幅度，直至最大幅度；③回到起始姿势，进行反方向练习。

起始姿势

练习方法

2. 俯卧"W"上举

【锻炼部位】肩带及上背部肌群。

【起始姿势】俯卧，额头轻触地面，身体保持一条直线，前臂、上臂呈约90°，双手握拳，拇指向上。

【练习方法】①两侧肩胛骨下沉且向内收紧，双臂慢慢抬起且向前上方延伸；②手臂放下后，放松肩胛骨，恢复到起始姿势（动作重复完成一定次数）。

起始姿势

练习方法

【进阶动作】起始姿势变为：硬拉基本姿。

进阶动作

3. 硬拉基本姿"Y"上举

【锻炼部位】肩带及上背部肌群。

【起始姿势】硬拉基本姿势准备，躯干保持一条直线，双手握拳，拇指向上，置于双膝上。

起始姿势

【练习方法】①两侧肩胛骨下沉且内收,双臂向上尽可能地抬离地面,保持3～5秒,逐步回到起始姿势,反复练习;②注意保持正常呼吸。

练习方法

二、胸椎运动

1. 蹲深外展

【锻炼部位】胸椎。

【起始姿势】自然站立,双臂上举,双脚打开与肩同宽,脚尖朝向正前方,膝盖与脚尖方向相同,屈髋向下,双手摸脚尖,保持手臂位置不变,向下蹲(不完全蹲下去,但大腿要低于水平面),膝盖不超过脚尖,手臂向下触地,到最大幅度,上身保持一条直线,双手位于两腿之间。

起始姿势

【练习方法】右手直臂上举至耳侧，吸气准备，呼气，由胸椎带动手臂转向侧上方，吸气回到起始姿势（注意，不完全蹲下去，手臂在身体侧上方的延长线上）。

练习方法

2. 后撤步外展

【锻炼部位】胸椎。

【起始姿势】上身挺直,右腿在前,左腿在后,弓步下蹲。双腿大、小腿皆成90°,脚尖朝向正前方,膝盖与脚尖方向相同。双臂伸直,垂与体侧。

【练习方法】左臂内收至右膝外侧,胸椎向右旋转,带动右臂向右后方伸展,头部随之转动,停留3~5秒,保持呼吸。回到起始姿势,换另一侧练习。

起始姿势

练习方法

三、核心肌群及手臂运动

1. 平板支撑

【锻炼部位】整合全身发力,但主要是核心肌群。

【起始姿势】俯卧,身体保持一条直线,勾脚尖,脚趾支撑地面,手臂在肩膀的正下方,且垂直于地面。

【练习方法】腹部、臀部收紧,保持正常呼吸。

【降阶动作】双膝跪立、肘或直臂支撑。

练习方法

降阶动作

【进阶动作】在体位不变的基础上,抬起单侧脚(勾脚尖)或者单侧手臂(贴耳前平举)。

进阶动作

2. 侧平板

【锻炼部位】核心肌群。

【起始姿势】侧卧于地面,身体保持一条直线,双腿并拢伸直,勾脚尖。

【练习方法】①腹部收紧,单手肘部撑地,前臂、上臂保持90°,位于肩部正下方,推起躯干,保持身体的一条直线;②慢慢放下,回到起始姿势,换至对侧。

【降阶动作】①双膝屈膝90°,跪地;②双脚分开。

练习方法

降阶动作

【进阶动作】①手肘撑地（直臂，位于肩部正下方）；②上侧手臂向天花板方向垂直上举，吸气，动作保持，呼气，骨盆位置不变，胸椎向内旋转，手臂向地板的方向穿过身体，眼随手动；③吸气，胸椎向外旋转打开，恢复起始位置。

进阶动作

3. 四足

【锻炼部位】核心肌群。

【起始姿势】跪姿，躯干保持一条直线，手臂与地面垂直且位于肩部正下方，屈髋屈膝90°，勾脚尖。

【练习方法】①腹部收紧，抬起左腿向后延伸（与髋同高），勾脚尖（背曲），骨盆的位置不变，同时右侧手臂沿耳朵向前延伸；②回到起始姿势，交换至对侧。

起始姿势

练习方法

【进阶动作】同侧手脚分别向前向后延伸。

进阶动作

4. 臀桥

【锻炼部位】核心肌群。

【起始姿势】仰卧于地面,双臂自然放于体侧,双脚打开与髋同宽,屈膝90°,背屈(勾脚尖)。

【练习方法】①腹部、臀肌绷紧,髋部逐渐向上抬,直至肩、躯干、髋、膝于一条直线;②腹部、臀部收紧,慢慢将髋部放下,至起始位置。

起始姿势　　　　　　　　　　　　　　练习方法

【进阶动作】①髋部抬起后，可保持住，且单腿抬起伸直；②髋部抬起后，保持住，单腿保持90°上抬，尽可能地向胸部方向靠近。

进阶动作

5. 卷腹

【锻炼部位】核心肌群。

【起始姿势】仰卧于地面，躯干保持一条直线，大小腿屈膝90°，双脚打开与髋同宽，双臂屈肘，双手放于耳后。

【练习方法】①腹部收紧，吸气准备，呼气时，想象将肋骨划入腹部，肩部抬起，至肩胛骨下角触地；②吸气保持不动，呼气，慢慢还原至起始姿势，重复进行。

起始姿势　　　　　　　　　　　　练习方法

【进阶动作】直膝完成。

进阶动作

四、下肢肌群运动

1. 摆臂下蹲

【锻炼部位】屈髋肌群、腘绳肌、腓肠肌、臀大肌。

【起始姿势】自然站立于地面，双脚打开，略比肩宽，脚尖朝向正前方，膝盖与脚尖方向一致，身体保持一条直线，双手平行上举过头顶，掌心相对。

【练习方法】腹部收紧，臀部腿部发力，双臂快速下摆，同时骨盆前倾（臀部向后），快速下蹲，呈硬拉姿势，注意膝盖不超过脚尖，且脚尖朝向正前方。

起始姿势

练习方法

【进阶动作】①跳蹲，双臂快速向下时，身体跳起，落地呈硬拉姿势；②跳蹲呈单腿落地；③单腿起跳，同侧单腿落地，呈单腿硬拉姿势；④单腿起跳，跳至对侧单腿落地，呈单腿硬拉姿势。

进阶动作

2. 高抬腿

【锻炼部位】下肢肌群。

【起始姿势】自然站立于墙面前,手臂前平举,保证手指尖离墙面有一手掌长度的距离,身体前倾,双手手掌抵住墙面,双脚背屈(勾脚尖),腿部绷直,身体保持斜板姿势。

【练习方法】①腹部绷紧,抬起左腿,至大腿与地面平行,大小腿保持90°,背屈(勾脚尖);②右脚蹬地发力,快速换至对侧。

起始姿势　　　　　　　　　　　　　练习方法

【进阶动作】原地高抬腿,加快双腿交换速度。

进阶动作

3. 跨步沉肩顶髋

【锻炼部位】腹股沟、屈髋肌群、腘绳肌、腓肠肌、臀大肌。

【起始姿势】正常站立于地面,双脚与肩同宽,身体保持一条直线。

起始姿势

【练习方法】①左腿屈膝上提,双手交叉,抱于小腿胫骨上侧,使左腿靠近胸部,向前大距离跨步,呈弓步,注意膝盖不超过脚尖,上身直立,停留2秒;②右手手掌向右侧触地,与左小腿平行,左手屈肘置于右手与左脚之间且触地,保持2秒;③髋部上顶,左脚勾脚尖,双腿同时伸直,手臂置于身体两侧,指尖触地,保持2秒;④回到弓步姿势,左脚用力,向前回到起始姿势。

练习方法

4. 弓步蹲

【锻炼部位】臀部及臀部肌群。

【起始姿势】自然站立于地面，双脚打开，与髋同宽，脚尖指向正前方，身体保持一条直线。

【练习方法】①腹部绷紧，右脚向前跨步，同时髋部下沉，双腿屈膝，脚尖始终朝向正前方，且膝盖不超过脚尖，双腿大小腿保持90°；②保持几秒

起始姿势

练习方法

后，左腿用力，回到起始姿势，转身，完成反方向动作。

【进阶动作】蹲起的同时快速向上跳起，并迅速换脚落地呈弓步。

5. 立卧撑

【锻炼部位】协调全身用力，核心肌群、下肢肌群。

【起始姿势】自然站立于地面，双脚打开，与髋同宽，双臂自然放于身体两侧，身体保持一条直线。

起始姿势

【练习方法】腹部、臀部绷紧，纵跳，落地时屈膝下蹲，双手顺势置于双脚前方，与肩同宽；同时，双脚向后蹬直，呈俯卧撑起始姿势，完成一个俯卧撑；再跳回下蹲姿势，同时，再次纵跳，让身体充分伸髋，落地缓冲，呈起始姿势，整个动作一气呵成。

练习方法

【进阶动作】完成一次后，立刻向前冲刺 10 米。

五、爬行

1. 四足爬

【锻炼部位】协调全身发力，但主要是核心肌群。

【起始姿势】四足姿势准备。

【练习方法】①腹部、臀部收紧，左臂右腿向前爬动，注意骨盆不发生转动；②向前爬完后，同样的要求倒退至起始位置（手臂微屈）。

起始姿势

练习方法

2. 熊爬

【锻炼部位】协调全身用力，主要是股后肌群。

【起始姿势】四足姿势准备，髋部上顶，下半身呈"一块斜板"，两膝伸直。

起始姿势

【练习方法】①左手右脚，直膝向前移动，左右脚依次交换；②向前完成后，同样的要求倒退回来（手臂微屈）。

练习方法

3. 猩猩爬

【锻炼部位】协调全身发力,主要是核心肌群。

【起始姿势】正常站立,双脚打开略比肩宽,躯体前倾,向下双手触摸双脚尖,保持手臂位置不变,向下蹲至低于 90°。

起始姿势

【练习方法】手臂置于双腿中间,双脚蹬地,同时双手向前方扒地,髋部上顶,迅速完成移动,回到起始姿势(手臂微屈)。

练习方法

第六章
自由负重训练

自由负重训练是训练者克服重力，在三维空间内完成的力量训练，也是与运动项目结合最好的力量训练方法。自由负重力量训练所取得的训练效果，可以更有效地转化为专项能力。

自由负重训练是力量训练方法中最为传统、最为基础的训练方法之一，在力量训练中应用非常广泛。自由负重训练是一种更方便的力量发展手段，要求练习者克服重力支撑或移动身体，杠铃、哑铃、弹力管、壶铃、药球等在训练中通常会作为负重的来源。自由负重训练，对绝对力量转化为功能性力量有相当大的帮助，有助于提高本体感觉、神经肌肉控制性和稳定性。

同时，自由负重训练对比于具有固定运动轨迹的器械训练来说，具有以下一些明显的优势：

（1）稳定性较弱（身体自由度较低），因为需要更多的身体稳定（本体感受、平衡、感觉运动协调等）。

（2）价钱便宜实惠。

（3）方便、占用的空间少。

（4）动作的运动轨迹更自然。

（5）与器械训练相比，自由负重训练的动作模式更自然，能更好地还原现实生活中的运动。

（6）对于力量举重和奥林匹克举重训练来说非常重要。

（7）可以配置额外的负重，来达到特殊的训练目的，如增加弹力带和铁链。

（8）动作形式更灵活，有大量的动作变式。

（9）对于脊柱稳定性大有裨益。

（10）更适合训练下肢的运动轨迹（如蹲跳）。

（11）更适合复杂、难度较高的训练。

（12）杠铃训练会产生更大的身体代谢反应。

（13）相对于从器械训练转至自由负重训练而言，从自由负重训练转至器械训练更容易适应。

以下内容主要从训练器材的角度出发，选取具有代表性的自由负重训练器材（杠铃、哑铃、弹力管、壶铃、药球）展开介绍，以期为练习者提供有价值的参考，同时学习并掌握自由负重器械的相关使用方法。

一、杠铃动作

1. 站姿反握肱二头肌弯举

【动作功能】主要发展肱二头肌、肱肌和肱桡肌等。

【起始姿势】直立姿正常站位，双手反握杠铃，握距与肩同宽，手臂自然垂于体前。

【练习方法】①上臂不动，屈肘举起杠铃尽可能地靠近肩部；②回到起始姿势，重复规定次数（根据锻炼者自身情况及锻炼目的决定）。

起始姿势

练习方法

2. 仰卧肱三头肌伸展

【动作功能】主要发展肱三头肌、背阔肌和大圆肌等。

【起始姿势】平躺在椅上，双手正握杠铃置于头部正上方，握距微比肩宽，手臂与躯干约成135°夹角。

【练习方法】①保持上臂不动，屈肘将杠铃下降至头顶位置；②伸直手臂，回到起始姿势，重复规定次数。

起始姿势

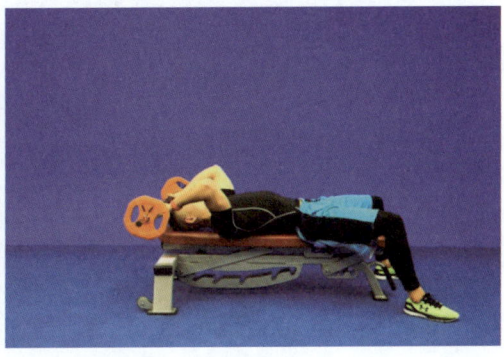
练习方法

3. 卧推

【动作功能】主要发展胸大肌、肱三头肌和三角肌前束等。

【起始姿势】平躺在椅上，双手正握杠铃置于胸部正上方，握距微比肩宽，手臂伸直。

【练习方法】①手肘张开，竖直放下杠铃至胸部上方；②快速推起杠铃，回到起始姿势，重复规定次数。

起始姿势

练习方法

4. 后蹲

【动作功能】主要发展股四头肌、臀大肌、腘绳肌等。

【起始姿势】直立姿正常站位，双手正握杠铃置于颈后肩上，握距微比肩宽。

【练习方法】①锁住双肩，屈髋屈膝下蹲，直至大腿与地面平行；②快速站起，回到起始姿势，重复规定次数。

起始姿势

练习方法

5. 前蹲

【动作功能】主要发展股四头肌、臀大肌、腘绳肌和三角肌前束等。

【起始姿势】直立姿正常站位,双手正握杠铃,握距微比肩宽,抬起上臂与地面平行,将杠铃置于颈前肩上。

【练习方法】①锁住双肩,屈髋屈膝下蹲,直至大腿与地面平行;②快速站直,回到起始姿势,重复规定次数。

起始姿势

练习方法

6. 硬拉

【动作功能】主要发展臀大肌、竖脊肌和腘绳肌等。

【起始姿势】下蹲姿势,双脚平行开立比髋稍宽,双手正握杠铃,握距微比肩宽,将杠铃贴近小腿。

【练习方法】①贴近腿部竖直提拉杠铃,髋部向前,匀速站起至身体直立;②放下杠铃,回到起始姿势,重复规定次数。

起始姿势

练习方法

二、哑铃动作

1. 坐姿过顶推举

【动作功能】主要发展三角肌前束和肱三头肌。

【起始姿势】挺胸直背坐在卧推板凳上,双手正握杠铃置于头顶,握距微比肩宽,手臂伸直。

【练习方法】①肩胛骨内收,竖直放下杠铃至体前肩部高度;②快速推起杠铃,回到起始姿势,重复规定次数。

起始姿势

练习方法

2. 仰卧上斜飞鸟

【动作功能】主要发展胸大肌,三角肌前、中束和前锯肌等。

【起始姿势】①将卧推椅倾斜角度调整到30°左右,仰卧在椅上;②双手正握哑铃置于肩部正上方,握距微比肩宽,手臂伸直。

【练习方法】①手肘微屈,张开双臂,放下哑铃至体侧肩部高度;②手臂内收,回到起始姿势,重复规定次数。

起始姿势

练习方法

3. 站姿前平举

【动作功能】主要发展斜方肌上束和三角肌前束。

【起始姿势】直立姿正常站位,双手直握哑铃,手臂自然垂于体侧,手肘微屈。

【练习方法】①保持手肘微屈,手臂前举至与地面平行;②回到起始姿势,重复规定次数。

起始姿势　　　　　　　　　　　　练习方法

4. 土耳其起立

【动作功能】提高动力链能量传递效率,提升全身综合力量,主要发展腹直肌、腹内外斜肌、臀大肌、股四头肌、腘绳肌、内收肌、小腿三头肌、斜方肌和三角肌等。

【起始姿势】①仰卧姿,右腿伸直,左腿屈膝约成90°夹角,脚踏于地面;②左手正握哑铃于胸部上方,手臂伸直且垂直于地面,右臂置于地面与身体约成45°夹角,掌心朝下;③目视哑铃。

起始姿势

【练习方法】①上身按照右肩、腰背、左肩的顺序快速挺起离地,以右前臂撑起身体;②上身挺起,挺胸直背,右手伸直撑地;③左腿及臀部用力,右侧髋向上抬起,右手支撑地面,使身体从头至右脚踝成一条直线;④右腿向后移动单膝跪地,使左膝、右踝与左手在一条直线上;⑤身体挺直,身体呈半跪姿;⑥站起成直立姿基本站位,目视前方;⑦回到起始姿势,重复规定次数;⑧换至对侧,重复以上步骤。

练习方法

5. 俯桥交替后拉

【动作功能】主要发展背阔肌、斜方肌、三角肌后束、肱二头肌和肩袖肌群等。

【起始姿势】双手握哑铃呈俯卧撑起始姿势，掌心相对。

起始姿势

【练习方法】①保持躯干稳定，肩胛骨内收下沉，左臂屈肘将哑铃拉近胸部；②放下哑铃，回到起始姿势，换至对侧，重复以上步骤；③重复规定的次数。

练习方法

三、弹力管动作

1. 跪撑弹力管单臂屈伸

【动作功能】主要发展肱三头肌。

【起始姿势】①上身前倾与地面平行，左膝跪在卧推椅上，右腿微屈撑地；②将弹力管一端固定于正前方高处；③左手竖直撑在卧推椅上，右手握住弹力管另一端，并保持弹力管绷直，左臂与支撑面垂直贴近身体。

【练习方法】①保持右侧上臂不动,手臂伸直,将弹力管拉至臀部位置;②回到起始姿势,重复规定次数;③换至对侧,重复以上步骤。

起始姿势

练习方法

2. 站姿侧平举

【动作功能】主要发展斜方肌上束和三角肌中束。

【起始姿势】直立姿正常站位,将弹力管置于脚下,双手各握一端,双臂自然垂于体侧,手肘微屈。

【练习方法】①保持手肘微屈,手臂向身体两侧抬起,直至肩部高度;②回到起始姿势,重复规定次数。

起始姿势

练习方法

3. 弹力管过顶深蹲

【动作功能】主要发展股四头肌、臀大肌、腘绳肌、斜方肌和三角肌等。

【起始姿势】直立姿正常站位,双手用力握住弹力管置于头顶,手臂伸直,保持弹力管绷直。

【练习方法】①屈髋屈膝下蹲，手肘向膝盖方向运动，拉动弹力管，直至大腿与地面平行；②快速站起，回到起始姿势，重复规定次数。

起始姿势

练习方法

四、壶铃动作

1. 甩摆

【动作功能】提高动力链能量传递速率，发展全面爆发力，主要发展臀大肌、竖脊肌和腘绳肌等。

【起始姿势】直立姿宽站位，双手正握壶铃自然垂于体前，双臂伸直。

起始姿势

【练习方法】①保持背部平直，双膝微屈，向后屈髋，双臂将壶铃甩摆至胯下，同时上身前倾下沉至几乎与地面平行；②保持双臂伸直，快速伸髋站直，将壶铃上摆至头部高度；③连续不间断重复以上步骤，重复规定次数。

练习方法

2. 过顶甩摆

【动作功能】提高动力链能量传递速率，发展全面爆发力，主要发展臀大肌、竖脊肌和腘绳肌等。

【起始姿势】直立姿宽站位，双手正握壶铃自然垂于体前，双臂伸直。

起始姿势

【练习方法】①保持背部平直，双膝微屈，向后屈髋，双臂将壶铃甩摆至胯下，同时上身前倾下沉至几乎与地面平行；②保持双臂伸直，快速伸髋站直，将壶铃上摆至头顶正上方；③连续不间断重复以上步骤，重复规定次数。

练习方法

3. 单臂抓举

【动作功能】提高动力链能量传递效率，提升全面爆发力，主要发展臀大肌、股四头肌、腘绳肌、内收肌、腓肠肌、比目鱼肌、斜方肌和三角肌等。

【起始姿势】运动基本姿站立，挺胸直背，右手正握壶铃自然下垂，使其置于胸部正下方。

起始姿势

【练习方法】①快速伸髋站起，同时快速耸肩，屈肘抬起上臂提拉壶铃甩至手背；②当肘部抬至最高且身体完全伸展时，身体下蹲至壶铃正下方呈半蹲位，同时保持右臂完全伸直支撑壶铃；③身体保持稳定后站直，贴近大腿放下壶铃；④回到起始姿势，重复规定次数；⑤换至对侧，重复以上步骤。

练习方法

4. 风车

【动作功能】加强身体在头顶位置的稳定性和力量,主要发展臀大肌、腹内斜肌、腹外斜肌和腹横肌等。

【起始姿势】直立姿正常站位,双脚间距略比肩宽,右手直握壶铃于同侧肩部正上方,目视壶铃,左手自然垂于体侧或体后。

【练习方法】①目视壶铃,屈髋向下的同时向壶铃一侧的方向转动肩关节,左手向下竖直触碰左脚;②回到起始姿势,重复规定次数;③换至对侧,重复以上步骤。

起始姿势　　　　　　　　　　　　　　练习方法

5. 农夫提携

【动作功能】提升核心稳定性和抓握耐力,主要发展斜方肌、腹横肌、腹内斜肌、腹外斜肌和小臂肌群等。

【起始姿势】直立姿正常站位,双手持握壶铃置于体侧。

起始姿势

【练习方法】①双手持握壶铃,以正常步幅行走;②回到起始姿势,重复规定的次数。

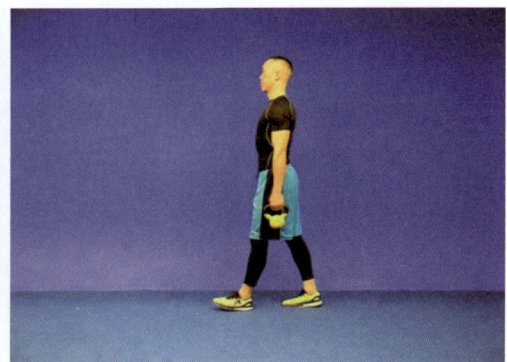

练习方法

五、药球动作

1. 胸前推球

【动作功能】提高上肢动作的力量与爆发力,有助于增强肩关节的稳定性,强化胸大肌和肱三头肌的弹性力量,提升力的产生速率,发展人体的稳定性。

【起始姿势】直立伸髋双膝跪姿准备,面向墙壁,躯干与墙面保持 0.9～1.2 米距离,双手持药球于胸前,小臂与地面平行。

【练习方法】①将药球拉至胸前,尽可能用最大力量快速向墙壁推出药球;②当药球反弹至手时,抓住药球,回到起始姿势,重复规定的次数。

起始姿势 练习方法

2. 平行扔球

【动作功能】提高躯干旋转动作的力量与爆发力,有助于发展及强化髋部和躯干的弹性力量,提升力量的产生速率,发展人体的平衡能力和稳定性。

【起始姿势】前后分腿单膝跪姿准备,脚尖朝向墙壁,躯干与墙面保持0.6～1.2米距离,双手持药球于腰前,手臂屈肘,向身体的后方旋转躯干,把药球拉向髋部后侧。

【练习方法】①通过髋部发力,带动躯干、肩部、手臂,把动力传递到球上,尽可能用最大力量快速将药球扔向墙壁;②球弹回接球时,微屈手臂,一手在药球的下方,另一手在药球的后方,回到起始姿势,重复规定的次数,对侧亦然。

起始姿势 练习方法

3. 垂直扔球

【动作功能】提高躯干动作的力量与爆发力，有助于发展及强化髋部和躯干力量，提升力量的产生速率，发展人体的平衡能力和稳定性。

【起始姿势】前后分腿单膝跪姿准备，侧向墙壁，躯干与墙面保持0.6～1.2米距离，双手持药球于腰前，手臂屈肘，向身体的后方旋转躯干，把药球拉向髋部后侧。

【练习方法】①通过髋部发力，带动躯干、肩部、手臂，把动力传递到球上，尽可能用最大力量快速将药球扔向墙壁；②接球时，微屈手臂，一手在药球的下方，另一手在药球的后方，回到起始姿势，重复规定的次数，对侧亦然。

起始姿势

练习方法

4. 药球仰卧起坐

【动作功能】提高躯干动作模式的力量与爆发力，有助于强化腹部力量及发展核心力量。

【起始姿势】练习者呈仰卧起坐姿准备，双脚平行开立，脚后跟着地，双腿屈膝，臀部坐于地上，收紧腹部，背部保持平直，双手屈肘做好接球的准备，面向同伴，同伴双手持球站于练习者对面。

【练习方法】①同伴将药球抛向练习者伸出的手，练习者躯干后仰，屈腹缓冲，双手抓住药球，接球位置躯干与地面约成45°夹角；②练习者当躯干后仰背部靠近地面时，药球拉至胸前，尽可能用最大力量屈髋收腹将药球推还给同伴；③同伴抓住药球，回到起始姿势，重复规定的次数。

起始姿势

练习方法

第七章
游戏类身体活动

根据《青少年体育"十三五"规划》的要求，结合"健康中国2030"等总体发展战略，加强青少年体育、完善青少年体育公共服务体系、强化竞技体育后备人才培养，对于落实全民健身国家战略、实施奥运战略、建设体育强国，培养中国特色社会主义事业合格建设者和接班人，全面建成小康社会，具有重要意义。学校体育在其中扮演着重要的角色，而在基础教育课程改革实施后，学校体育的面貌已经发生了巨大的转变。自主、探究、合作式的学习让体育课变得开放化、多元化。所以，在此基础上，我们在青少年健身中穿插游戏类身体活动板块，一方面为的是让青少年健身变得生动、活泼，一改以往"走入健身房锻炼"的呆板印象；另一方面，我们也在尝试让青少年游戏类活动可以形成较好的"板块"，为青少年身体素质的全面发展奠定良好的基础。

游戏的组成

一、游戏的规则

【举例解释】走平衡木。
- 从哪开始，到哪结束，如何返回？
- 以什么样的动作走平衡木？
- 遵守什么样的秩序？

二、使用的器械

【举例解释】从A点靠四肢爬行到B点，AB处各添加一个标志桶和标志盘。
- A、B 桶代表两名交通警察。
- 从 A 交警处爬到 B 交警处。

三、游戏的元素

"趣味""团队""竞争""教育""心理""挑战""执行力""智力"等。

【举例解释】从 A 点靠四肢爬行到 B 点，AB 处各添加一个标志桶、标志盘，并在 B 桶旁放一摞标志盘。加入情景和故事，增加趣味性。
- A、B 桶代表两名交通警察。
- 从 A 交警处爬到 B 交警处。
- A 交警处出发，B 交警处为收费站，每次到达都要缴费，从旁边的标志盘取一个放到标志桶上。

四、运动游戏的优缺点

一个好的游戏，首先，玩起来就会吸引你，即使你不清楚这些潜在的"魔法"是什么，但你要知道这就是运动的魅力。其次，你会发现游戏之后，你不仅产生了精神上的愉悦，身体也得到锻炼，如出汗、累感，这是游戏产生的运动效果。如果一项体育游戏，不能综合到以上两点，那就不算真正意义上的体育游戏。

五、游戏的难易程度

游戏的难易程度即游戏的等级。不同年龄、不同性格、不同人数、不同能力、不同的情绪状态都意味着游戏的要求和难度不一样，游戏存在难度等级之别。怎么把一个难度较大的游戏改成一个简单的游戏？怎么把大孩子玩的游戏降阶给小龄儿童玩？怎么灵活调整游戏实施时遇到的各种问题？在接下来的这部分章节里，我们会举例说明，让你学会调整和修改游戏。

游戏的分类

一、平衡类

1. 独木桥

【规则】从平衡木一端行走到另外一端，试着以各种动作行走，至少十种方式，如提膝、双手过顶、走一步蹲下来假装系鞋带、侧向踢腿等。

【器械】平衡木。

【元素】趣味。

独木桥

【进阶】①垫高平衡木；②增加平衡木不稳定性（两头垫上软垫）；③睁一只眼闭一只眼；④改变平衡木粗细等。

2. 红绿灯

【规则】自由跑动，听裁判的口令，红灯急停，绿灯跑，黄灯单脚站。

【器械】无。

【元素】专注，趣味。

红绿灯

【进阶】闭眼单脚站。

3. 鸟蛋换窝

【规则】将队员分成两组，身体前方左右分别有一个标志盘，单脚站立，手持网球，听裁判口令，将网球放到对应的标志盘上，再次听到口令，将网球换到另外一个标志盘上。期间有脚触地或者接触到支撑腿，或者球没放好，算犯规一次，红队和黄队犯规总数加起来多的为输。

鸟蛋换窝

【器械】标志盘/网球；如没有道具，直接去掉标志盘，用石头或者其他物体代替网球即可。

【元素】专注，竞争，挑战。

【进阶】①增加单次放球次数；②或者脚站在不稳定物体上，如软垫子。

4. 斗鸡

【规则】在地上用标志物圈出一个矩形或者圆圈形的角斗场，将队伍均分成两组，单脚站立，另外一只手抱住一只脚的脚踝，与膝盖成一个三角形，用抬起的膝盖和腿去进攻，将对方撞倒或者双脚着地，逼出矩形或者圆圈均出局，当一方全部人员都出局以后，游戏结束。下一局换一只脚进行。

斗鸡

【器械】标志盘/标志桶。

【元素】竞争，对抗，战术，执行力。

【进阶】在沙地进行。

二、速度灵敏类

1. 抓尾巴

【规则】前排的坐姿，双腿伸直准备，后排离前排 1～2 米距离两点式起跑站姿准备，听到起跑口令，同时启动，后排在前排跑到终点线以前抓住其腰旗为胜。

抓尾巴

【器械】腰旗，没有的话用彩带之类的代替。

【元素】趣味，竞争。

【进阶】前排仰卧或俯卧，后排坐姿。

2. 接鸡蛋

【规则】将队伍分成两组，第一组站在离第二组 2～5 米的位置，站姿双手侧平举，手持网球。假设网球为鸡蛋，向上抛起，第二组在起跑线准备，看到第一组自然松开网球的瞬间启动，并在网球第二落地前抓住网球，没有抓住的继续冲刺 20 米，抓住的则返回起跑线。接球成功达到规定次数以后交换角色。

接鸡蛋

【器械】网球（可以用其他较轻的球代替）。

【元素】趣味，反应，专注，挑战。

【进阶】①可以调整两组人之间的间距；②或者调整第一组人持球高度。

3. 交通指挥

【规则】裁判为交通指挥员，队员在正前方 5 米左右处排成一纵队，听裁判起跑口令直线冲刺到裁判身前某处变向，变向的方向看裁

交通指挥

判手势，指左则往左变向，指右则往右变向，如果裁判未及时给出方向，应保持快速步伐等待变向信号。

【器械】无。

【元素】反应，趣味。

【进阶】口令复杂化。

4. 转身跑

【规则】用标志物摆出等距离的三条线，间隔2～3米，将队员分成两队，两人一组分别站在中间分界线两边，互相之间离线的距离相等且接近。队员全部面朝裁判半蹲准备姿势站立，当裁判给出信号向左时，所有人往左转身跑，右边的人在左边队员跑出左边边线前碰到他则胜，反之则相反。

转身跑

【器械】标志盘。

【元素】反应，趣味，竞争。

【进阶】口令复杂化（干扰、视听觉、反方向等）。例如，提前告诉队员，我会指左边；或者教练指上就往左，指下就往右；或者左边的队员都叫呵呵，右边的都叫哈哈，喊呵呵，呵呵跑，哈哈来追，反之则相反。

5. 接力跑

【规则】将队员分成两组，排成两纵队在起跑线后准备，听到信号起跑，到终点线折返回与下一位击掌后，下一位起跑，以此类推，哪组先完成折返哪组胜利。

接力跑

【器械】无。

【元素】竞争，团队。

【进阶】起跑后在终点线前听信号随机折返回。

6. 避雷针

【规则】队伍围成一圈，间隔合适距离，每个人手持一根长度一致的灵敏杆，半蹲姿势准备，原地或统一移动方向，如顺时针。听到裁判口令，自然放开手里的灵敏杆，按顺时针方向去追下一位手里的灵敏杆，保证在杆子倒地之前扶住。

避雷针

【器械】灵敏杆。

【元素】反应；挑战。

【进阶】口令为随机方向（左右）。

7. 绕杆跑

【规则】将灵敏杆固定在底座上，每隔 1 米放置 1 个使成一条直线，队员呈"S"形绕杆儿跑动，裁判发令并计时。

【器械】灵敏杆，秒表。

【元素】挑战。

【进阶】绕杆折返。

绕杆跑

8. 鸭蛋换窝

【规则】将 10 个标志盘摆成左右两列，两列之间间隔 3 米左右，每列之间的标志盘间隔 1.5 米，在左边一列标志盘上摆上网球。队员跑步一个接一个出发，将左边的网球转移到平行位置右边列标志盘上。前一个队员到达第三个标志盘时，下一个出发，最后如果没有出错，或者下一个没有被追上算集体完成任务。

【器械】标志盘，网球。

【元素】竞争。

9. 取宝冒险

【规则】场地里画出两条线，将队员分成两组，一条线后是防守组，另一条线后是进攻组，防守组后方放置若干标志盘（宝藏），进攻组的任务就是穿过防守组的防线取得宝藏。进攻组的腰上绑着腰旗，防守组只要扯掉腰旗，就淘汰掉对方。每一次进攻看取回多少宝藏。一轮过后交换角色。

【器械】腰旗，标志盘。

【元素】战术，竞争。

【进阶】在防守组区域每隔 1 米放置一个标志桶，所有人在移动中都不许碰到桶。

三、力量类

1. 扔炸弹

【规则】将封闭式场地分成两块，中间画出分界线，两边分别放置同等数量的网球。假设网球为定时炸弹，到时便爆炸，为了减少自己区域炸弹，要在规定时间内，尽力将球投掷到对方场地。

扔炸弹

【器械】网球。

【元素】竞争。

【进阶】换成沙球（开放式或者封闭式场地均可以）。

2. 钻山洞

【规则】所有人手脚支撑排成一队，第一个人从大家制造的"山洞"底下爬行钻过去，排到队尾支撑，直到最后一个人完成。

【器械】无。

钻山洞

【元素】意志力，配合。

【进阶】增加次数。

3. 人体障碍

【规则】所有人平板支撑姿势排成一队，第一个人从大家制造的"障碍"顶上下跳跃过去，排到队尾支撑，直到最后一个人完成。

人体障碍

【器械】无。

【元素】配合。

【进阶】平板支撑抬一只手或者脚。

4. 爬楼梯

【规则】找一个台阶，俯卧手脚支撑爬行上楼，下楼背向手脚支撑爬行。

爬楼梯

【器械】无。

【元素】挑战。

【进阶】背撑爬上楼，猫爬下楼。

5. 四方爬行

【规则】把自己想象成魔术师，地上摆一个边长3米的正方形，第一个到第二个之间手脚猫爬，第二个桶开始变成螃蟹，手脚横向移动，第三个桶开始，变回小猫，倒退爬行，第四个桶开始变成螃蟹，横向移动回第一个桶。

四方爬行

【器械】标志桶。

【元素】耐力，趣味。

【进阶】更换动作（小金刚：双脚并拢蹲下，双手宽于脚，手先往前放并支撑住，接着双脚往前跳跃，依次重复；侧金刚：双脚并拢蹲下，双手往侧向放置并支撑住，双脚往同一侧跳跃，依次重复）。

6. 人体趣玩

【规则】把自己想象成一根木棍，身体任何地方都不能弯曲，两人一组，一个人仰卧当木棍，抬起"木棍"双脚做深蹲，做完10个，立即让"木棍"俯卧玩推小车，抬着"木棍"双脚，"木棍"手撑爬行10米，然后交换角色。

【器械】无。

【元素】趣味。

【进阶】无。

四、耐力类

1. 搬运工

【规则】取一筐球，放在场地一端，另一端放置一个空桶，所有队员一起出发，每次拿一个球，以最快速度将所有的球运到空桶里。

【器械】球桶；球。

【元素】趣味；耐力。

【进阶】沙球；药球；换爬行动作（猫爬，小金刚，背撑爬）。

搬运工

2. 建筑工与破坏猫

【规则】在场地里分散标志盘，互相之间间隔1~2米，将队员分成两组，以手脚支撑猫爬形式比赛，一组是建筑工，负责将标志盘扣上；另外一组是破坏猫，负责将标志盘翻过来。规定时间内看哪组赢。

【器械】标志盘，秒表。

【元素】竞争，趣味。

【进阶】增加时间。